# AS 12 ETAPAS DO PERDÃO

PAUL FERRINI

# AS 12 ETAPAS DO PERDÃO

*Tradução*
DENISE DE C. ROCHA DELELA

Editora
Pensamento
SÃO PAULO

Título original: *The 12 Steps of Forgiveness.*



1ª edição 2007.

3ª reimpressão 2014.



**Dados Internacionais de Catalogação na Publicação (CIP)**
**(Câmara Brasileira do Livro, SP, Brasil)**

Ferrini, Paul
As 12 etapas do perdão : manual prático para transformar o medo em amor / Paul Ferrini ; tradução Denise de C. Rocha Delela. -- São Paulo : Pensamento, 2007.

Título original: The 12 steps of forgiveness.
ISBN 978-85-315-1489-0
1. Conduta de vida 2. Perdão 3. Vida espiritual I. Título.

07-1219 CDD-179.7

**Índices para catálogo sistemático:**
1. Perdão : Ética 179.7

Direitos de tradução para o Brasil
adquiridos com exclusividade pela
EDITORA PENSAMENTO-CULTRIX LTDA.
Rua Dr. Mário Vicente, 368 — 04270-000 — São Paulo, SP
Fone: (11) 2066-9000 — Fax: (11) 2066-9008
E-mail: atendimento@editorapensamento.com.br
http://www.editorapensamento.com.br
que se reserva a propriedade literária desta tradução.
Foi feito o depósito legal.

*As provações não são nada além de lições*
*Que você ainda não aprendeu*
*E que se repetem*
*Para que você possa acertar*
*Onde antes errou*
*E então se libertar de toda a dor*
*Que a escolha errada*
*Provocou em você.*

*Um Curso em Milagres,*
Texto

# SUMÁRIO

# PREFÁCIO

Este livro contém doze etapas concebidas especialmente para ajudá-lo a não ver mais a vida com base no medo, mas com base no amor. Esse processo não foi criado para eliminar o seu medo, mas para ajudar você a superá-lo quando ele vier à tona.

As doze etapas baseiam-se nos quatro pilares do perdão, que podem ser usados como uma versão abreviada das doze etapas, caso você sinta dificuldade para internalizar todo o processo. A prática dos quatro pilares — ou fundamentos — do perdão leva você naturalmente à prática de toda a seqüência de doze etapas.

Sinta-se à vontade para fazer uma pausa em cada um dos quatro pilares e praticá-los individualmente, ou para passar diretamente para aquele que lhe apresente um desafio mais condizente com os seus interesses. Lembre-se, o mais importante não é o número de etapas que você pratica, mas a profundidade com que pratica cada uma delas. Todas as etapas abrangem cada uma das outras doze.

Este livro é um manual prático. Ele apresenta um processo que, para se tornar um instrumento de transformação na sua vida, precisa ser efetuado diariamente, a toda hora – na verdade a todo instante. Se fizer isso, você descobrirá que se trata de uma prática espiritual cujo resultado é proporcional ao tempo que você se dedica a ela.

A prática das doze etapas não é um processo intelectual. Ela praticamente não requer análise, apenas a sua disposição para se lembrar das etapas quando não se sentir em paz. Isso é tudo que você precisa fazer. Esse processo o leva de volta para a verdade que já reside no seu coração. Ele simplesmente faz com que você se lembre de algo que já sabe, mas do qual se esqueceu temporariamente.

As doze etapas dissipam a ilusão da separação que você criou na sua mente e nos seus relacionamentos. Elas desfazem as falsas crenças que incutiu sobre si mesmo e sobre as outras pessoas. Eliminam a culpa e a vergonha. Trazem você de volta para si mesmo, para os seus irmãos e irmãs, e para o divino. Esse é um trabalho contínuo de Reconciliação.

A escolha entre o amor e o medo é feita a todo instante no nosso coração e na nossa mente. É aí que começa o processo de paz. Sem a paz interior, a paz mundial é um desejo vazio. Assim como o amor, a paz se irradia de nós. Não há como trazê-la do mundo exterior para o nosso coração. Ela precisa ser transmitida de um coração para o outro e assim para toda a humanidade. Esse é o escopo e o método do trabalho. Eu estendo a você o meu amor e as minhas bênçãos à medida que fazemos esta jornada juntos.

*Namaste.*

Paul Ferrini

As quatro máximas do perdão

# INTRODUÇÃO

## *As quatro máximas do perdão*

O perdão é um conceito que pouquíssimas pessoas entendem. Achamos que o nosso maior desafio é perdoar os outros pelo que nos fizeram. Mas essa é só a cereja do bolo.

É fácil perdoar os outros quando você já perdoou a si mesmo. Mas é impossível perdoar os outros se você ainda não perdoou a si mesmo.

O processo de perdão começa no seu próprio coração. Ele tem muito pouco a ver com as outras pessoas.

Se eu me perdôo, não acho difícil perdoar você. Se consigo remover o ferrão da culpa e da vergonha do meu coração, posso oferecer essa dádiva a você. Se eu consigo ver a minha própria inocência, posso ver a sua também.

A maioria de nós vive tentando fazer o caminho inverso. Tentamos perdoar primeiro as outras pessoas e depois a nós mesmos. Isso causa um problema real, pois nem todo mundo quer ser perdoado. Algumas pessoas se recusam a ser perdoadas! Algumas se recusam até a acreditar que sejam culpadas!

Você já tentou perdoar alguém que não se sente culpado? É impossível! Não importa o quanto você se esforce, a pessoa simplesmente não deixa que você a perdoe.

Em contrapartida, existem pessoas que se sentem culpadas o tempo todo. Elas vivem atrás de você pedindo perdão, mas você simplesmente não consegue perdoá-las!

Mesmo quando percebe que é você quem precisa se perdoar, você ainda pode colocar o carro na frente dos bois. Pode pedir que outra pessoa perdoe você, um amigo talvez, um padre ou um rabino, talvez até mesmo Deus. Mas isso também não funciona. Você pode ser perdoado por centenas de pessoas – perdoado, aliás, por direito divino –, mas isso pouco importa se você não perdoou a si mesmo.

Não adianta começar esse processo a partir de fora. A decisão de começar de fora só nos faz perder tempo e sentir mais culpa ainda. Ela não abre a porta do nosso coração. Essa porta só se abre quando percebemos que somos nós que estamos aborrecidos; que somos nós que nos sentimos culpados; que somos nós que atacamos e justificamos o nosso ataque; que somos nós que precisamos de perdão; e que ninguém mais pode nos dar esse perdão.

Por isso, a primeira máxima do perdão é que ele vem de dentro. É algo que você tem de fazer por si mesmo, antes de poder demonstrá-lo aos outros.

A máxima seguinte é que o perdão não é condicional nem parcial. O perdão é uma atitude que você toma com todo o seu ser, com todo o seu coração. Ele alivia você do fardo que carrega nos ombros, da dor que você sente. Quando se trata de perdão, não dá para fazer barganhas. No entanto, é exatamente isso que tentamos fazer:

"Eu me perdôo se conseguir o emprego ou o relacionamento que quero" ou "Eu perdôo você se me desculpar primeiro" ou "Eu perdôo Fulano, mas não perdôo Sicrano".

Enquanto estivermos tentando justificar algum aspecto do nosso ataque, o perdão simplesmente não acontece. Na verdade, o perdão parcial é só uma forma sutil de ataque!

O perdão é incondicional e imparcial. Ele me tira do passado e me traz para o presente. Ele me afasta da ilusão auto-imposta de "me sentir separado" e me traz para uma consciência ampla de mim mesmo e dos outros, em que a intimidade é uma contínua possibilidade.

Quando eu perdôo, aceito o que aconteceu no passado, inclusive todos os julgamentos que fiz na época sobre mim mesmo e as outras pessoas, sem deixar que isso interfira no presente ou no futuro. Ou, se ainda trago tudo isso dentro de mim, eu aceito esse sentimento e o solto.

Eu posso "ter" rancor por ter sofrido uma injustiça, mas não fico "remoendo" esse sentimento. Eu compreendo que esse rancor tenha nascido do medo e deixo que ele se dissipe naturalmente, à medida que eu supero esse medo e aprendo novamente a confiar.

AS QUATRO MÁXIMAS DO PERDÃO

1. O perdão começa no nosso próprio coração. Só depois que nos perdoamos, conseguimos perdoar as outras pessoas ou receber o seu perdão.
2. O perdão não é condicional, embora nossa prática do perdão muitas vezes seja.
3. O perdão é um processo contínuo. Ele vem em resposta a todo julgamento que fazemos contra nós mesmos ou contra as outras pessoas.
4. Qualquer gesto de perdão é suficiente. Qualquer coisa que possamos fazer hoje é o bastante. Esse entendimento nos habilita a praticar o perdão com perdão.

Eu não tenho de ser perfeito para perdoar, porque o perdão é um processo contínuo na minha vida. Eu perdôo, o julgamento volta a ser feito e eu perdôo outra vez. Nunca existirá um tempo em que eu não precisarei mais perdoar a mim mesmo ou aos outros. Essa é a terceira máxima do perdão.

É como a história que o escritor Samuel Beckett contou sobre o homem que gostava de chupar pedras. Ele chupava uma, depois colocava a pedra no bolso e pegava outra. Desenvolveu elaborados esquemas para ter certeza de que cada pedra receberia a mesma atenção, até que um dia, exasperado, jogou todas fora.

Sem nos darmos conta disso, nós também vivemos pegando pedras ao longo do caminho, guardando-as no bolso e passando-as de lá para cá. Elas podem ser fardos desnecessários, assim como são todos os julgamentos, mas nós continuaremos fazendo isso até estarmos prontos para jogá-las fora. Nós continuamos fazendo os nossos julgamentos até constatar o quanto é absurdo o nosso processo de culpa/ataque.

Por isso precisamos ter paciência. O perdão muitas vezes não acontece de uma só vez. Às vezes jogamos fora uma pedra por vez. Outras vezes elas caem todas de uma vez sobre os nossos pés. Não existe um jeito certo ou errado. Qualquer que seja a nossa experiência, ela é aceitável.

Eu gosto muito mais da metáfora de Beckett do que da de Camus, em *O Mito de Sísifo*. Lembra? O pobre-diabo ficava rolando a mesma pedra montanha acima o dia inteiro e, quando chegava ao topo, ela voltava a rolar montanha abaixo e ele tinha de começar tudo outra vez.

Claro, às vezes isso parece totalmente inútil. Fazemos o melhor que podemos e continuamos passando pela mesma lição ano após ano. Mas o mais engraçado é que, quando finalmente não ligamos mais, a metáfora deixa de ter importância. Temos satisfação em deixar que a pedra que empurramos até o topo da montanha volte a rolar montanha abaixo. Ou ficamos felizes em esvaziar os bolsos e espalhar as pedrinhas pela areia. Trata-se da mesma coisa.

Os fardos têm de ser postos de lado. Eles existem para serem carregados, mas um dia também têm de ser descarregados. Isso faz parte da natureza deles. As lições existirão enquanto precisarmos delas. Diga isso a Sísifo ou a um velho chamado Jó. Eles não querem nem ouvir a respeito!

Nós também não queremos ouvir. Hoje é um problema no trabalho, amanhã é um problema com a mulher e com os filhos. A coisa não tem fim, não é?

É! Os problemas nunca têm fim. Não podemos impedir que eles continuem surgindo. Não conseguimos manter limpa a fachada da nossa vida, não importa quanto tempo passemos fazendo faxina. Alguém sempre quebra um ovo no tapete que acabou de ser aspirado ou derruba molho no sofá.

Como a vida seria se ninguém nunca derrubasse molho no sofá? Seja sincero. Você trocaria essa aventura imperfeita e defeituosa na vida por outra, mais perfeita e arrumadinha? Você preferiria mais rigidez, se isso significasse o fim da dor, mas também do senso de humor? O fim da luta, mas também do aprendizado?

Seja sincero. Existe algo aqui que merece ser preservado. Além das montanhas desérticas, existe uma campina. Há luz do Sol, muita sombra e riachos rumorejantes. Existe amor além da dor. E é o amor que estamos procurando.

Este livro é sobre como superar a dor para chegar ao amor, como sobreviver à escuridão para chegar à luz. Não estamos dizendo para você ignorar a escuridão. Não estamos dizendo para você esquecer a luz. Dizemos para você ficar com as duas. Fique com as duas e com todas as suas contradições. É disso que se trata a jornada de cura.

Por que precisamos do perdão? Porque todos nós nos condenamos. E todos nós tentamos nos livrar do ódio que nutrimos contra nós mesmos projetando nos outros a responsabilidade pelos nossos problemas.

Mas isso simplesmente não funciona. O ódio contra si continua sendo ódio contra si, mesmo quando outras pessoas são envolvidas. Atacando os outros ou defendendo-nos dos ataques sofridos não amenizaremos o julgamento que fizemos contra nós mesmos e cujas raízes são profundas. No fundo de cada um de nós existe uma criança ferida que precisa ser curada.

O processo de perdão oferece a essa criança a oportunidade de cura. Trata-se de um processo que não acaba enquanto não paramos de nos julgar e de julgar as outras pessoas.

Não vamos parar de julgar tão já, mas podemos começar a ver como estamos feridos por causa dos julgamentos que fazemos. E, por meio da auto-aceitação, podemos envolver em amor essas feridas interiores.

Todo ato de aceitação neutraliza alguns julgamentos que fizemos.

Todo ato de aceitação abre o nosso coração para o amor. E o amor cura todas as feridas.

À medida que vivemos, muitas situações ocorrem e muitos relacionamentos nos são oferecidos. Cada um deles nos dá a chance de escolher entre o medo e o amor. Se escolhemos o amor, nós nos abençoamos e abençoamos as outras pessoas. Se escolhemos o medo, o ser ferido dentro de nós clama por amor. Todo ataque aparente é um pedido de amor. Toda crise na vida é um pedido de cura.

Nenhum pensamento ou ação, por pior que ele seja, tem o poder de nos condenar ao sofrimento eterno; pois agora mesmo, neste exato momento, temos a possibilidade de fazer uma nova escolha.

Se Jesus foi capaz de amar todas as pessoas que estavam pregando o seu corpo na cruz, se ele conseguiu ver a face de Cristo em cada uma delas, como podemos deixar de vê-la uns nos outros? A vida de Jesus é uma grande lição para nós, não só porque ela nos mostra a luz, mas porque também nos mostra como podemos levar a escuridão para a luz.

Jesus não nos disse para negarmos o nosso medo. Ele nos mostrou como enfrentá-lo. Não pense que ele não conheceu a tentação ou a dúvida. Ele passou quarenta dias no deserto. Gritou pregado à cruz, "Pai, por que me abandonaste?" Ele era humano. Tinha um corpo.

Ele sentia dor.

Você não pode dizer que ele não conheceu os abismos da dor. Ele conheceu. Mas, em face de tudo aquilo, ele escolheu amar e perdoar. É por isso que ele é um mestre tão grandioso para nós.

Este livro, porém, não é sobre o caráter especial de Jesus nem de mais ninguém. Ele é sobre um processo pelo qual cada um de nós tem de passar para encontrar a fonte da paz. Para tanto, precisamos aprender com todo irmão ou irmã que nos acompanha nessa jornada.

*Assumir a responsabilidade pela própria paz*

## O PRIMEIRO PILAR

# *Assumir a responsabilidade pela própria paz*

Quando assume a responsabilidade pela própria paz, você entende que você é a causa de qualquer coisa que pense ou sinta. As outras pessoas parecem causar a sua felicidade ou a sua tristeza, mas a sua crença de que elas são, de algum modo, responsáveis pela sua vida é só uma aparência, uma distorção na superfície que encobre a substância real. É dessa ilusão que fala *Um Curso em Milagres*. Não se trata da verdadeira realidade.

Para falar a verdade, todos nós temos uma tendência para procurar satisfação fora de nós mesmos. E também temos uma tendência para culpar os outros pelos nossos problemas. Buscar a fonte da alegria ou a fonte do perdão fora de nós mesmos só causa decepção. Nenhum dos dois existe fora do nosso coração e da nossa mente.

Quando eu entro em contato com a alegria dentro de mim, a minha alegria é incondicional. Ela não depende das outras pessoas com quem convivo. Ela não depende que as outras pessoas me amem. Ela não depende que as outras pessoas gostem de mim ou que me tratem bem. A minha alegria é uma confiança profunda que eu tenho, dentro de mim, de que "posso ser como sou". Essa é uma afirmação existencial do meu ser que só pode vir de mim mesmo.

De modo parecido, quando entro em contato com o perdão interior, a única mudança necessária na minha vida também vem de dentro. Eu não tenho de tentar mudar você. Não tenho de mudar nenhum aspecto exterior da minha vida. O perdão que me dou me traz alívio, pois é incondicional. Ele diz, "Eu reconheço o meu erro e aprendo com ele. O meu erro não me condena. Eu aceito a lição e deixo para trás o julgamento".

Não existe nenhuma situação de conflito na minha vida que eu não possa resolver perdoando a mim mesmo. O perdão que ofereço aos outros é sempre superficial. O perdão que concedo a mim mesmo é mais profundo, ele passa a ser uma maneira de assumir a responsabilidade pela minha própria vida nesse mesmo instante.

Na verdade, nós só temos acesso a três estados da consciência. Um é o amor, que é eterno e incondicional.

O outro é o medo, que é temporário e condicional. E o último é o perdão, que é uma ponte entre a ilusão do medo e a realidade do amor.

Passar do medo para o amor significa reconhecer o medo quando ele brota e enfrentar esse medo. Significa reconhecer o meu julgamento quando ele surge e transcender esse julgamento. Significa ouvir o meu próprio pedido de amor e aprender a atendê-lo.

Existem aspectos da jornada que são solitários por natureza. Eles estão relacionados ao reconhecimento da minha responsabilidade absoluta por tudo o que acontece na minha vida. Estão relacionados com a minha auto-aceitação do ponto de vista existencial. Até que eu me aceite, não posso ficar em paz com o meu irmão ou a minha irmã, e não posso ficar em paz com Deus.

Portanto, o primeiro grande movimento no processo trifásico do perdão é me aceitar. É me perdoar. É assumir a responsabilidade por mim mesmo. É reivindicar a minha própria vida agora mesmo, em sua totalidade, exatamente como ela é, sem julgamento. É me amar a cada instante. É ser o meu próprio suprimento de amor.

## PRIMEIRA ETAPA

# *Reconhecer o medo*

Iniciamos esta jornada juntos reconhecendo o medo, a tristeza, a dor, a mágoa, a inveja, a raiva, os sentimentos de separação. Não vamos tentar justificar esses sentimentos, nem condená-los. Só vamos tomar consciência de que eles existem. O processo a seguir pode nos ajudar a ficar com os nossos sentimentos sem fugir deles (negando-os) ou exteriorizá-los (projetando-os).

- Reconhecemos o sentimento.

- Não justificamos nem condenamos o que estamos sentindo.
- Aceitamos o sentimento e nos damos permissão para senti-lo.
- Deixamos que o sentimento fale conosco.
- Respeitamos o sentimento como uma comunicação interna.
- Assumimos a responsabilidade pelo sentimento; por exemplo, "Eu me sinto magoado, furioso, triste, etc.".
- Resistimos a qualquer inclinação para responsabilizar outra pessoa pelo que estamos sentindo. Ficamos com o sentimento.
- Nós nos recusamos a racionalizar o sentimento. Não é importante saber "por que" nos sentimos assim.
- Quando ficamos com o sentimento, tomamos consciência de que não estamos sendo muito amorosos nesse momento nem com nós mesmos nem com os outros.
- Deixamos que essa mensagem mergulhe fundo dentro de nós e ficamos com o sentimento até que ele comece a se modificar.

É importante perceber que todo sentimento negativo nasce da idéia de falta de amor. Esse amor, no final das contas, tem de ser suprido por nós mesmos. É por isso que não podemos buscá-lo fora de nós. Não devemos nos afastar desse sentimento, mas sim mergulhar nele. Temos de encarar o fato de que queremos amor e não nos sentimos amados nem amorosos. Precisamos ficar com esse vazio, com essa falta aparente.

Quando ficamos com esse vazio, conseguimos olhar por trás dele. Isso nos ajuda a entendê-lo melhor. É então que encontramos o amor que achamos que nos falta.

A fonte de amor não está na superfície. Ela está enterrada no nosso coração, numa cova tão profunda quanto o nosso sofrimento. A Mãe Divina está escondida nessa cova escura. Temos de descer até ali para encontrá-La. Temos de ir além do nosso medo, da nossa raiva, da nossa vergonha para sentir o Seu amor incondicional por nós.

Essa é a nossa descida. É metade do caminho. Não podemos acolher o amor enquanto não aprendemos a ficar com o nosso medo e com os nossos sentimentos de separação. Temos de nos entender com as nossas emoções.

Fingir que não estamos chateados quando estamos é bobagem. No entanto, fazemos isso o tempo todo.

"Não estou chateado." (negação)

"É você que está chateado." (projeção)

Por que é tão difícil admitir para mim mesmo ou para você que estou chateado, que neste momento estou oprimido pelo medo? Eu acho que sou o único que está passando por essa experiência?

Aparentemente acho. Aparentemente você acha. Aparentemente nós dois estamos tentando impressionar um ao outro, quando o que realmente queremos é um caloroso abraço.

Um de nós tinha simplesmente de tomar coragem e dizer: "Nossa, estou sentindo tanto medo!" e o outro provavelmente diria, "Eu também!"

Mas eu acho que ele vai dizer, "Eu avisei, seu cretino! É tudo culpa sua!" E é por isso que eu não digo o que sinto.

Por isso é sempre tão difícil livrarmos um ao outro da negação. A ilusão nasce da negação. É um alicerce erigido em areia movediça. Ela começa com um simples mal-entendido e acaba com outro muito pior.

Depois que o primeiro ataque é desferido, todos os outros também são, cada um deles com a justificativa de que é uma defesa ao ataque anterior. A Torre de Babel é feita de suposições baseadas no medo.

Portanto, temos de concordar em sentir o medo, pois é na negação do nosso medo que a ilusão se consolida. Todas as iniqüidades deste mundo vêm dessa negação em nossa mente.

No momento em que sentimos o nosso medo e o reconhecemos, vivenciamos a igualdade com todos os nossos irmãos e irmãs. Nesse momento somos todos inocentes, todos livres para escolher, todos amparados uns pelos outros.

Temos a oportunidade de viver esse momento a todo instante. Nós compreendemos que toda escolha é uma escolha entre o amor e o medo, mas só podemos entrar em contato com o nosso amor quando reconhecemos o nosso medo.

Como você verá, à medida que percorremos as etapas deste livro, aos poucos a balança começa a pesar mais para o lado do amor do que do medo. Mesmo aqui nesta primeira etapa, onde todos temos de começar, o amor já está presente.

Nesta etapa, removemos a primeira barreira à presença do amor. Não, essa barreira não é o medo. É a negação do medo.

O primeiro passo do perdão é dar a nós mesmos permissão para ter medo e para sentir todos os nossos sentimentos. Não podemos superar o medo se tivermos medo de senti-lo.

Esse é o momento em que colocamos a cruz nos ombros e a carregamos montanha acima, como fez o nosso irmão mais velho. Ao sentir o medo, nós o enfrentamos, ouvindo o chamado do amor, uma suave promessa no céu do alvorecer.

## SEGUNDA ETAPA

### *Compreender que o que você quer é amor*

No meu entender, eu quero mais dinheiro, mais sexo, mais reconhecimento ou uma saúde melhor, mas é amor o que eu realmente quero. Eu acho que estarei certo se provar que você está errado, mas é amor o que eu realmente quero. Eu acho que me sentirei melhor se você for castigado pelos seus pecados, mas é amor o que eu realmente quero.

Tudo o que eu realmente quero, meu amigo, é que você me ame. Se eu tivesse certeza desse amor, todo o resto estaria bem. De alguma forma, eu encontraria um jeito de aceitar o restante e superá-lo.

Aqueles de nós que buscam a perfeição têm aprendido da pior maneira possível que ela não existe. As outras pessoas não estão aqui para nos fazer felizes. Elas estão aqui para nos ajudar a aprender. Por trás desse objetivo de que só nos recordamos vagamente existe a lembrança de um amor que nos liga a todos.

Estamos aqui para amar e aprender. Não estamos aqui para forçar o amor e o aprendizado, mas para deixar que um leve naturalmente ao outro. Quando um está presente, o outro também está.

É por isso que a vida nem sempre é do jeito que eu queria. Às vezes, quero que você me agrade, mas você está na minha vida para me ajudar a despertar. Você está aqui para me ajudar a aprender a ter responsabilidade. Mas nós passamos o tempo todo numa dança em que eu tento fazer com que você me dê o que eu quero e você insiste em não me dar. Eu começo a achar que você não me ama. Começo a ficar ressentido com você. Fico com raiva porque acho que você se recusa de propósito a satisfazer as minhas necessidades.

Mas você não está aqui para satisfazer as minhas necessidades. Você está aqui para me mostrar as minhas necessidades, para que eu possa aprender a satisfazê-las sozinho. Esse é o seu propósito e, quando você o cumpre, liberta a nós dois.

Você sabe, eu acho que quero satisfazer as minhas necessidades, mas isso não é verdade. Eu quero satisfazer as suas. Quero que você seja feliz. Só preciso saber que, se você se afastar de mim, não é porque esteja me rejeitando. Só preciso saber que você me ama.

Quando sei que me ama, não fico no seu caminho. Pelo contrário, abro a porta e desejo-lhe boa sorte.

Não quero ser a pessoa que segura você contra a sua vontade. E não quero que você me segure contra a minha.

Eu sei que somos todos livres para escolher. Só preciso saber que, seja qual for a sua escolha, você ainda me ama.

É disso que a minha criança precisa. E mesmo que eu cresça, a minha criança continua viva dentro de mim. Ela apenas fica maior e mais forte no meu coração. Ela aprende a pedir pelo que precisa.

Ela não tem mais vergonha de pedir.

Ela se acostumou a tentar manipular e controlar e fazer birra para conseguir o que quer. Mas isso só acontece porque ela não é ouvida. Agora que ela sabe que eu a ouço, só pede coisas bem simples. "Só preciso saber que você me ama."

Na minha dor, na minha desorientação, na minha mágoa, na minha tristeza, só quero saber que sou amado. Se sei que sou amado, a dor começa a ceder. A separação aos poucos vai ficando menor.

Alguma coisa acontece quando sei que sou amado. Mas não pode acontecer até que eu saiba que amor é o que eu quero e tenha coragem de pedir por ele.

Os meus sentimentos são uma comunicação interior de que não estou sendo amoroso comigo mesmo e com as outras pessoas. Estou cobrando muito ou pouco demais de mim mesmo, deixando que pisem nos meus calos ou pisando nos calos das outras pessoas. Não estou me sentindo amado. Não estou me sentindo amoroso.

É por isso que eu tenho de reconhecer. E, então, quando eu reconheço, tenho de decidir que amor é o que eu quero. Não posso continuar na jornada do perdão se não decidir agora mesmo que amor é o que eu quero.

Não, não há nada de errado em sentir a minha dor, mas sentir a minha dor é só um jeito de saber que o que quero é amor. O sentimento de separação, de raiva, de inveja, de culpa, de tristeza só me diz que o que quero é amor.

E o mais incrível: quando eu não justifico nem condeno os meus sentimentos, eles me levam a um vazio que só pode ser preenchido com amor. E esse amor sempre começa no meu próprio coração.

O seu amor pode se somar ao meu, mas eu não posso depender do seu amor. O amor entra em cena quando eu começo a me amar. E o amor entra em cena quando começo a amar você.

Portanto, a Segunda Etapa me ajuda a reconhecer que eu quero amor e posso dá-lo a mim mesmo. Esse reconhecimento me leva à etapa seguinte.

## TERCEIRA ETAPA

# *Retirar a projeção*

Na Primeira Etapa, eu aprendi a ficar com os meus sentimentos, embora ainda tenha uma tendência para pensar que você é a causa do que eu sinto. Na Segunda Etapa, aprendi que amor é o que eu quero. Porém, eu ainda tenho uma tendência para esperar que você me dê amor.

O meu antigo padrão é tornar você responsável pelo modo como me sinto. O meu antigo padrão é pedir que você conserte as coisas para mim ou então tentar consertá-las para você. O meu antigo padrão é acusar você de não me amar o suficiente, o que é simplesmente outro jeito de tentar responsabilizá-lo pela minha necessidade de amor.

O meu próximo avanço psicológico, portanto, é saber que o amor é o que eu quero, mas eu não posso esperar que você o dê para mim. Talvez você o dê, talvez não, mas a escolha é sua. Eu não posso fazer nada a respeito. Se eu tentar influenciar você pressionando-o ou fazendo-o sentir-se culpado, eu só diminuo a possibilidade de que você possa me amar de verdade.

Se eu quero o seu amor, eu tenho de deixá-lo livre. Tenho de estar disposto a me arranjar sem ele. Tenho de estar disposto a buscar o amor dentro de mim, em vez de buscá-lo fora.

Isso parece muito bonito, mas é muito mais difícil do que parece. Significa que eu tenho de voltar para aquela cova escura no meu coração e encontrar a luz que está escondida ali. Eu tenho de explorar as cavernas sombrias da minha dor e descobrir o fiozinho de luz da auto-afirmação que brilha dentro de mim.

Eu achava que essa coisa de perdoar era muito mais fácil. Eu só tinha de perceber que era amor o que eu queria e pedir por ele. Isso bastaria para que ele viesse num cavalo branco, vestido de príncipe ou princesa. Agora eu descobri que isso também era ilusão.

Em vez disso me pedem para dar uma de trabalhador de mina de carvão, paramentar-me todo e descer até as profundezas da Terra para encontrar a luz que supostamente tenho. Não estou certo de que realmente acredito que ela esteja lá ou, se estiver, de que possa encontrá-la. Eu estaria disposto a ir se ao menos houvesse uma garantia, mas como não há mais garantia nenhuma, não estou certo de que quero ir.

Eu pensei que a descida tivesse acabado. Ah, tenha piedade! Será que não posso pular o próximo passo e ir direto para o seguinte?

Isso lhe parece familiar?

Se eu não consigo o que quero, então não sei se vou acreditar nesse ensinamento. Jó tinha o mesmo problema, só que ao contrário. Toda vez que ele pensava que tinha conseguido se reerguer e continuar sendo fiel a Deus, era testado novamente e tinha de enfrentar mais uma provação.

A nossa tendência é buscar confirmação fora de nós. E quando ela não vem, ou quando novas provações vêm no lugar dela, achamos que somos um fracasso ou que fomos tolos em confiar num poder superior.

Se peço amor e você me ama, eu acho que cumpri o meu trabalho espiritual. Agradeço a Deus por ser tão abençoado a ponto de conseguir concluir em duas etapas o que os outros costumam levar doze para concluir.

Talvez seja por isso que o relógio cósmico nem sempre está de acordo com os nossos cronogramas e desejos! Há muito mais trabalho a fazer. Porque, um dia, tudo o que está fora de nós não estará mais ali para confirmar a nossa experiência.

Temos de conhecer a verdade dentro do nosso coração. Temos de encontrar o amor onde ele começa, não onde ele acaba.

Por isso, às vezes os nossos desejos e planos são contrariados, na verdade até espicaçados. E todos os objetivos que tínhamos e tudo que pensávamos sobre nós mesmos cai por terra diante dos nossos olhos. E, então, ficamos sentados ali, como fez Jó, desolados e sem fala. "Mas, afinal, o que quer de mim, Senhor?"

Antigamente a resposta era: "Quero que você reze quinze aves-maria, beije o traseiro de cem elefantes e faça uma doação a uma boa causa". Mas agora já ficamos espertos com relação a essa resposta. Muito pêlo de elefante na cara, eu acho!

Depois de Jim Jones, Osho, Jim Baker, Swami Rama e Werner Erhard, nós felizmente ficamos um pouquinho mais céticos com relação à autoridade externa! (Ei, nada contra esses sujeitos; eles estavam aqui aprendendo as mesmas lições que nós.)

Mais cedo ou mais tarde descobrimos que não existe mais ninguém lá fora que possa nos dar uma resposta. Mas, até descobrirmos isso, temos de continuar levando socos no terceiro olho, ou na terceira perna, se for o caso.

Portanto, mesmo que você não me ame, eu ainda estou aqui. Isso eu não posso mudar. Nem um suicida pode mudar isso, pois seja quem eu for, serei sempre eu mesmo. A forma da minha existência não é importante. O conteúdo determina a forma. E quanto mais distorcida for a minha visão da realidade, mais atrairei uma correção para essa visão distorcida.

Ser livre não tem nada a ver com deixar o corpo. Ser livre significa deixar de lado o que não é verdadeiro. Se isso não pode acontecer no corpo, não pode acontecer em lugar nenhum, pois o corpo é só uma forma passageira.

Portanto, aqui estou eu. E a única maneira de fazer a minha vida dar uma arrancada é aceitá-la exatamente como é, aceitando a mim mesmo e aceitando você exatamente como somos. É desse jeito que o meu coração se abre. É desse jeito que o amor começa.

Quando eu deixo de fazer projeções sobre você, eu entendo que o que gosto e desgosto em você é completamente irrelevante para o que eu estou aqui para aprender. Se gosto de você, eu acho que você está aqui para ser o meu parceiro. Se não gosto de você, eu acho que você está aqui para me atormentar. Essas crenças são na verdade a mesma coisa, só que em extremidades opostas.

Um movimento provoca desejo. O outro provoca medo. O desejo e o medo se movimentam como uma gangorra na nossa vida. Como o desejo é abastecido pela crença em relacionamentos especiais, todas as formas de desejo se baseiam na idéia de falta.

Algo me falta; logo, preciso providenciar isso. Veja, o desejo é baseado no medo. E, se os meus desejos não são satisfeitos, eu fico com raiva ou magoado. O ciclo do medo continua.

Nós gostamos de elevar o desejo ao nível espiritual. Falamos sobre o "desejo por Deus". Mas uma coisa não tem nada a ver com a outra. Onde quer que exista desejo, onde quer que exista apego, não há espaço para Deus. Deus só ocupa espaços vazios, não espaços que já estejam ocupados.

A chama nasce no nosso coração. O relacionamento com Deus começa nas profundezas da solidão e do anseio ardente. A consciência da presença de Deus acontece quando sabemos que não vamos encontrar satisfação fora de nós.

Veja, eu tenho de entender que não existe nada que você possa me dar que eu já não tenha. E que não existe nada que você possa tirar de mim que eu de fato tenha.

Tudo o que você me dá é ilusão. Tudo o que você tira de mim é ilusão.

O que eu tenho, você também tem. O que eu não tenho, você também não tem. Essa é a estrutura divina da criação. Ela se baseia na absoluta igualdade. Qualquer desvio na igualdade existencial é uma perversão que se iniciou conosco.

Não podemos voltar a ficar em harmonia com o plano divino até que olhemos por trás das nossas ilusões. Só assim veremos o que é real.

É um fato difícil – mas temos de encará-lo, portanto, podemos muito bem começar a fazer isso agora: entender que o meu único relacionamento verdadeiro com qualquer ser humano é o de irmão ou de irmã. Chame esse ser humano Jesus ou Hitler. Um não é mais irmão do que o outro.

A parte de mim que condena Hitler condena a mim mesmo e a todos os meus irmãos e irmãs pelos seus erros. Isso é típico da ilusão: criar bodes expiatórios, negar a responsabilidade por expor a nossa escuridão à luz.

E a parte de mim que põe Jesus num pedestal é a parte que considera a mim e aos outros inadequados. Só porque Jesus enfrentou o medo que ele tinha, eu acho que não preciso enfrentar o meu. Até parece! Por ter enfrentado o seu medo, ele me mostrou que sou capaz de enfrentar o meu.

Sempre que enaltecemos ou depreciamos alguém, nós fazemos esse gesto básico de desigualdade que encobre a verdade. Sempre que achamos que outra pessoa tem a resposta de que precisamos, ou achamos que outra pessoa está nos impedindo de realizar o nosso potencial, estamos nos iludindo.

Nada disso é real. Só existe você e eu. Somos iguais, mas nem sempre nos vemos assim. Todo desvio da igualdade é uma dança estranha e às vezes intrigante, mas que sempre nos recoloca um diante do outro, como estamos agora.

Eu finalmente cumpro a terceira etapa quando reconheço que tudo só depende de mim. Eu sou o canal para o amor neste mundo. Só assim o meu pedido de amor é atendido. Pois quando me abro para o amor, eu o estendo às outras pessoas e, quando eu o estendo, ele volta para mim.

# QUARTA ETAPA

## *Assumir a responsabilidade*

Uma das maneiras de eu começar a me amar é começar a assumir a responsabilidade pela minha vida exatamente como ela é. Tudo que vejo fora de mim é só um reflexo do que existe dentro de mim.

Eu só crio dificuldade quando não aceito a minha vida como ela é. Às vezes eu rejeito certas pessoas e situações. Às vezes me apego a certas pessoas e situações. Tanto a rejeição quanto o apego indicam falta de aceitação.

O fato de eu aceitar a minha vida não significa que ela não vá mudar. É claro que vai. Às vezes essa mudança é previsível. Outras vezes não é.

A mudança virá quando for necessária. Mas agora o meu desafio é aceitar o que existe. Existe dor? Tudo bem, então eu tenho de aceitar a dor. Existe tristeza? Então eu tenho de aceitar a tristeza.

Na vida, não existem "suposições". Só existe o que está acontecendo. E isso sempre basta. Se não parece suficiente ou parece demais é porque nós percebemos a coisa desse modo.

As nossas crenças são apenas maneiras de ver. Elas quase sempre exigem correção, porque quase sempre vemos tudo com base no desejo ou no medo.

A mais importante prática espiritual é deixar que tudo seja como é, sem querer interpretar, embelezar ou julgar. Isso imediatamente faz com que o ego tenha um chilique. Imagine dizer ao ego para não julgar, não comparar, não interpretar? Então o que ele tem de fazer? Ele não sabe nada além disso!

Por isso a prática não é fazer com que o ego pare de julgar ou interpretar, mas observar enquanto ele continua julgando e interpretando. Porque, tão logo tentamos impedir o ego de julgar, outro julgamento surge num outro nível.

Nós simplesmente aceitamos o fato de que o ego está fazendo o seu showzinho particular e o observamos. Essa é a criança ferida em todos nós implorando atenção. Ela quer amor, mas não sabe como pedir esse amor. Então continua fazendo birra!

Tudo bem. Você ouve esse povo? Não há problema nenhum em ficar no ego, porque todo mundo fica! Noventa por cento do tempo, nós agimos a partir do desejo e do medo (e, como já foi mencionado, o desejo é só outra forma de medo). Não há nada do que se envergonhar. Todo mundo faz isso.

O reconhecimento do que somos é o que nos permite testemunhar esse ego. Testemunhar é simplesmente ficar presente, observando a mente dançando no ar. Ela não vai parar de dançar até que tenha terminado. Por isso a observação torna-se uma prática espiritual, uma prática de profunda compaixão por nós mesmos e pelos outros.

Veja, você tem o que tem e ponto final. Ninguém espera que você se livre de nada nem que acrescente mais alguma coisa.

Tudo que precisamos fazer é ficar com o que temos até que passemos a entender isso. Quanto mais entendemos o desejo e o medo, mais livres ficamos das suas compulsões. Não é nada que precisemos fazer. É só algo que acontece naturalmente com a prática.

Temos de nos lembrar de que o nosso objetivo não é mudar o mundo nem nós mesmos. O nosso objetivo é mudar a nossa maneira de ver o mundo e a nós mesmos. O nosso objetivo é ver com os olhos do amor e não com os olhos do medo. Isso requer um jeito diferente de olhar, um jeito mais objetivo, sem apego ao que se vê.

Essa é a nossa prática espiritual. Uma prática presente em muitas tradições.

Portanto, assumir a responsabilidade significa aceitar a minha vida como ela é. Isso significa que eu não gasto energia tentando mudar a forma eterna da minha vida. Significa que eu não fico olhando os outros para ter motivação para mudar. Se a mudança vier no final das contas, ela virá de dentro. Ela virá da prática de aceitar as coisas como são aqui e agora, com paciência e integridade.

O melhor jeito de confrontar uma situação negativa é não fugir dela, mas encará-la de frente. Ela só é negativa porque eu esqueci a minha inocência e a dos meus irmãos e irmãs. Por que me deixar levar pelo meu medo ou pelo medo das outras pessoas?

Nada do que vejo significa o que eu acho que significa. Nada do que vejo significa alguma coisa. O medo começa com a interpretação, com a lembrança do passado. No entanto, cada momento é livre e absoluto. A todo momento, tenho uma chance de escolher outra vez.

Não importa quantos erros eu tenha cometido. Eu não os carrego comigo, embora possa acreditar que carrego. A todo instante estou livre para escolher. Estou livre para assumir a responsabilidade pela minha vida.

Deixe-me seguir adiante com paciência e fé. Se eu seguir por um certo caminho, vou descobrir onde ele vai dar. Mesmo que dê num beco sem saída, eu não perdi nada. Nenhum caminho é o caminho final, por isso todo caminho traz uma lição que tem de ser aprendida. Quando todas as lições são aprendidas, o caminho deixa de ser necessário. A necessidade de uma forma desaparece.

Tudo bem. Eu estou no ego e crio a todo instante o desejo e o medo. É assim que as coisas são. Eu assumo a responsabilidade por isso. Não preciso mudar nada. Só preciso ter consciência do que está acontecendo.

Descobrir a igualdade entre nós

# O SEGUNDO PILAR

## *Descobrir a igualdade entre nós*

A chave para descobrir a igualdade entre nós está na prática individual de assumir a responsabilidade. Enquanto estamos assumindo a responsabilidade pela nossa vida, não colocamos expectativas pouco realistas nos outros nem fardos desnecessários sobre os nossos próprios ombros.

No entanto, como não poderia deixar de ser, assim como cometo erros na minha própria prática, cometo erros nos meus relacionamentos. Assumo responsabilidade demais aqui e responsabilidade de menos ali. Exagero aqui e fico a desejar ali. Decido por você quando você deveria decidir sozinho. E deixo você decidir por mim quando eu precisava decidir por mim mesmo. As fronteiras que surgem naturalmente quando duas pessoas são responsáveis por si começam a ficar meio indefinidas. O resultado é o abuso e a codependência.

Eu vivo perdendo o meu senso de igualdade com relação aos outros. Em alguns momentos eu me sinto superior e em outros me sinto inferior. Nenhuma das duas posições parece correta. Eu quero encarar todo mundo de igual para igual. Quero reciprocidade, justiça, igualdade. Contudo, o único jeito de ter tudo isso é assumir a responsabilidade pelo que acontece quando eu não faço isso.

Nesses momentos, eu me magôo com você, mas percebo que você não é a causa da minha mágoa. A minha mágoa já existia quando você cutucou a minha ferida.

Ou eu sinto raiva de você porque você me decepcionou. No entanto, você não é a causa da minha decepção. As minhas expectativas com relação a você me programam para a rejeição. Você simplesmente entrou no meu programa por acaso. Apareceu como um espelho para me mostrar que as minhas expectativas são irreais. Eu não posso mudar o que você faz ou deixa de fazer, mas posso mudar as minhas expectativas com relação a você.

Eu não posso mudar você. Portanto, a minha única postura com relação a você é a aceitação. Sempre que não aceito você como é, eu perco a paz.

Jesus disse, “Faça aos outros o que gostaria que eles lhe fizessem”. Essa é a primeira prática espiritual, tão importante quanto assumir a responsabilidade pela própria vida.

Se julgar os outros, você perturba a sua paz, pois todo julgamento é internalizado. Se aceita os outros, você abençoa a si mesmo, pois tudo o que você faz volta para você.

O mais importante é entender que todo pensamento volta para o lugar de onde veio. A projeção é uma ilusão. Eu posso odiar uma coisa em você, mas esse ódio permanece em mim. Eu acho que vai para você, mas ele só vai se você o aceitar. Se você não reconhecer o meu ódio, ele não atinge você.

Todo pensamento volta para o ponto de onde partiu. Eu não consigo encarar você porque não consigo encarar a mim mesmo. Eu acho que você merece ser repreendido porque eu mesmo não consigo encarar a minha própria vergonha.

Toda reação à outra pessoa do meu convívio é um espelho para mim. Tudo o que eu vejo em você e que não aceito revela o que eu não estou disposto a aceitar em mim mesmo. Tudo o que eu espero que você me dê e que você não me dá revela o que eu preciso dar a mim mesmo.

Todo relacionamento pressupõe um contexto para o aprendizado ou um contexto para a autocrucificação. Quando me vejo no espelho dos seus olhos, eu me dou permissão para crescer. Quando vejo limitações em você, eu me recuso a ir além da dúvida que tenho com relação a mim mesmo.

Eu sempre uso você como uma desculpa para justificar a minha falta de crescimento. Mas isso não vai mudar nada. O meu crescimento ainda é responsabilidade minha, não importa o quanto eu tente colocá-la nas suas mãos.

Se você é tolo o suficiente para aceitar uma responsabilidade que não é sua, isso só pode significar que você também tem de aprender a assumir a responsabilidade por si mesmo. Parceiros agressivos e passivos têm de aprender a mesma lição. Eles só estão em extremidades opostas. E, como diz um provérbio taoísta, os opostos não estão tão separados quanto pensamos.

Portanto, descobrir a minha igualdade com relação a você é um exercício de perdê-la e perdê-la é um exercício de encontrá-la. Se não acredita nisso, pergunte a si mesmo: "Como poderia encontrá-la se não a tivesse perdido?" Não haveria nada para encontrar, nenhum sentimento de perda. E, se existe um sentimento de perda, ele deve vir da lembrança de uma época em que essa perda não era sentida. "Mas como eu podia perdê-la se nunca a tive?"

A igualdade é real. A desigualdade não é. No entanto, é por meio da desigualdade que eu aprendo sobre a igualdade. Quando eu de fato compreendo a igualdade, percebo que ela sempre existiu. Eu nunca a perdi. Só pensava que tinha perdido.

A suposição de que a perdi e a constatação de que não a perdi representa o espectro total do perdão, desde a primeira etapa, de reconhecer que estou aborrecido, até a última, de abrir o meu coração para a paz que sempre esteve ali. Eu sei que estou finalmente perdoado quando percebo que não há nada para perdoar.

Segundo *Um Curso em Milagres*, "Nada real pode ser ameaçado. Nada irreal pode existir".

Eu nunca perco a minha inocência, assim como meus irmãos e irmãs também não a perdem. Só parece que a perdemos, talvez por um instante, por um dia ou dois, talvez por toda uma vida. O período de tempo não importa. Pois, quando acordamos, o sonho é esquecido.

O fato de permanecer na ilusão não faz de você alguém ruim. Só perpetua o seu sofrimento. Quando está pronto, você deixa que o sofrimento se vá. E, depois que deixa que ele se vá, não importa que tenha sofrido por dois minutos ou por dez anos. O sofrimento já não existe mais.

Transferir esse entendimento para os nossos relacionamentos não é nada fácil. Assim como estamos investidos dos atributos físicos deste mundo e das idéias que fazemos deles, também estamos investidos dos nossos relacionamentos e de todas as emoções que eles suscitam em nós. Não estamos preparados, talvez, para ver tudo isso como um sonho de desigualdade, embora seja isso o que ele é, sempre que estamos infelizes.

Toda a nossa dor resulta de vermos algo que não existe. Achamos que existe porque nossas idéias e crenças parecem estar ligadas a certas pessoas ou situações. Damos credibilidade a essas idéias porque elas foram vinculadas a um relacionamento. Mas isso só aumentou o roteiro e acrescentou novos personagens.

Por isso precisamos reconhecer o fato de que estamos dirigindo o nosso próprio filme aqui. E o que vemos na tela é só um reflexo do conteúdo da nossa consciência.

Todavia, temos de perceber que o nosso filme não é o único que está sendo produzido. As mesmas pessoas que trabalham como atores e técnicos no nosso filme estão dirigindo os seus próprios filmes, em que nós somos atores ou operadores de câmera. Se você já viu o filme *Rashamon*, de Akira Kurosawa, já viu esse conceito expresso com grande lirismo e compaixão.

No final das contas, pode não haver fronteiras entre nós, mas só conseguiremos dar as mãos se reconhecermos as fronteiras das nossas próprias experiências e respeitarmos a experiência das outras pessoas. Não temos de concordar uns com os outros. Mas temos de nos respeitar. Só se chega a um consenso, na medida em que ele é possível, quando existe uma atmosfera de respeito mútuo.

Sem respeito mútuo, que significa "fronteiras saudáveis", é preciso forçar as pessoas a chegar num consenso. E um "consenso forçado" é tão ridículo quanto parece.

Descobrir a igualdade entre nós significa reconhecer que existem muitas maneiras de olhar qualquer situação e nós só conhecemos uma. Ouvir os outros, respeitar as suas idéias e experiências nos ajuda a nos abrir para um espectro mais amplo da realidade. Ajuda-nos a abrir as portas da nossa prisão conceitual e caminhar livremente para a luz do dia. Ajuda-nos a entender os limites do nosso conhecimento, de modo que possamos explorar o desconhecido, sozinhos e juntos ao mesmo tempo.

# QUINTA ETAPA

## *Deixar de lado a culpa e a autocondenação*

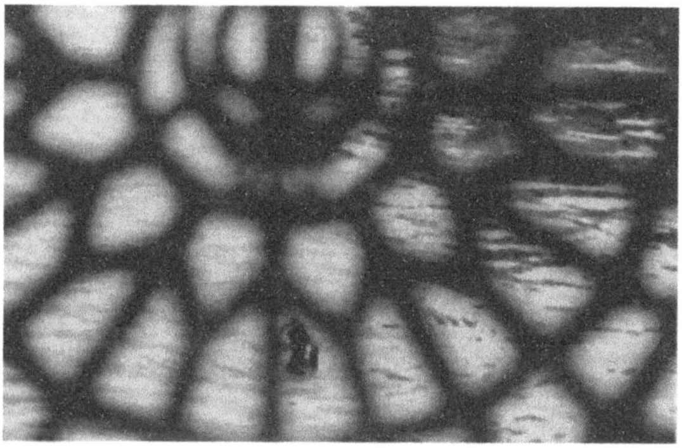

Saiba eu ou não, estou sempre atacando a mim mesmo. Posso achar que estou atacando você, mas isso é mera ilusão. Evidentemente, você entra nessa ilusão também e fica ofendido. Assim é o mundo.

Mas, na verdade, eu não posso atacar você. Só posso atacar a mim mesmo. Tudo o que eu projeto em você volta para mim. O pensamento é um bumerangue perfeito. Ele sempre volta para quem o lançou.

Isso não tem nada a ver com castigo! Muitas pessoas, até aquelas que acreditam em karma, não entendem isso. Ninguém é castigado pelos seus pecados. As pessoas só recebem de volta o que irradiam, para que tomem consciência. Se você irradia raiva, é raiva que você vai ter, pois você precisa se responsabilizar pela sua raiva. Precisamos tomar posse de tudo que criamos. Só assim nos libertamos disso.

Trata-se de uma simples lei. Não temos de nos digladiar por causa disso. Não temos de dizer, "Lá vem você de novo, sua criatura detestável! Mas pode apostar que vai receber tudo isso de volta!" Não temos de bancar Deus. Não precisamos desempenhar esse papel.

Só precisamos entender que continuaremos cometendo erros enquanto não aprendermos as nossas lições. Vamos continuar projetando qualidades negativas e positivas nos outros enquanto não estivermos dispostos a assumir essas qualidades em nós. Vamos continuar atacando os outros enquanto não nos apropriarmos desses ataques.

Apropriar-se do ataque é só um jeito de provocar um curto-circuito no processo. Eu digo, "Tudo bem, raiva, eu sei que você me pertence, por isso não vou fingir que pertence a outra pessoa". Isso não significa que eu não tenha de expressar a raiva. Se ela existe, é minha responsabilidade expressá-la. Mas devo fazer isso sabendo que ela pertence a mim. Dessa maneira ela não precisa ser exteriorizada, afetar alguém que se sinta suficientemente culpado para aceitá-la, e depois voltar para mim na forma de um calado ressentimento.

Eu assumo responsabilidade pela raiva. Eu compreendo que não foi você, mas eu mesmo que ataquei. Eu não me perco na projeção ou pelo menos não me perco quando sou bem-sucedido nessa projeção.

O sucesso não acontece o tempo todo ou de uma só vez. Às vezes eu ataco você e às vezes eu assumo o meu ataque. Quando ataco você, eu me sinto culpado, porque acho que posso magoá-lo. Eu carrego a culpa comigo e, quando você ou outra pessoa me ataca, a minha culpa convida o ataque a me atingir. É tudo muito bizarro.

Sempre que agrido você eu me sinto péssimo. Isso faz de mim um alvo de ataques. Os estranhos com raiva acumulada sentem a vítima em potencial quando passam por ela. Até pastores alemães podem farejá-la!

Toda vez que ataco você eu desperto a minha própria culpa. Se você não acha que isso seja verdade, leia *Crime e Castigo,* de Dostoiévski. Nesse romance, Raskólnikov tenta cometer o crime perfeito. Ele acha que, se matar "por uma boa razão", não se sentirá culpado. Mas isso não funciona.

De fato, ele não é pego. Sai ileso. Mas não consegue conviver com a culpa. Acaba se entregando.

É isso o que todos nós temos de fazer: nos entregar. Assim que atacamos, precisamos nos lembrar de que estamos despertando a nossa culpa.

Confessemos no ato. Nada de justificar os nossos atos! Sabemos que não se pode justificar um ataque. Então vamos simplesmente nos responsabilizar por levar a cura a nós mesmos e às outras pessoas.

"Cometi um erro, irmão. Ataquei você porque eu estava com medo. Pensei que tinha o direito de atacar você, mas eu estava errado. Perdoe-me. Ajude-me a me redimir."

Quando transformo o meu ataque num pedido de amor, meus irmãos e irmãs deixam que eu me aproxime deles. Esse é um gesto de reconciliação.

Se eu reconheço o meu ataque e assumo a responsabilidade de corrigi-lo, eu não desperto a minha culpa. A culpa surge quando eu justifico o meu ataque e me recuso a retificá-lo.

A culpa crônica nada mais é do que a recusa persistente a assumir a responsabilidade por reconhecer o erro e aprender com ele. Ninguém se torna um saco de pancada sem que haja uma causa. No entanto, a causa geralmente está escondida profundamente na psique.

Todo ataque que eu desfiro contra você é um ataque contra mim mesmo. Esse ataque pode ser uma forma muito sutil de julgamento; no entanto, se ele for repetido várias vezes, isso me passa a mensagem de que sou inadequado.

Não é coincidência o fato de as pessoas com baixa auto-estima serem as que mais julgam os outros. Quanto mais julgamos os outros, mais julgamos a nós mesmos no nível subconsciente.

Todas as projeções voltam para o seu local de origem. Essa é a função da culpa. Em algum nível, ela não deixa que o nosso ataque nos deixe. Simplesmente não podemos atacar os outros sem nos sentirmos responsáveis por esse ataque em algum nível do nosso ser.

Quando tornamos essa responsabilidade consciente, podemos começar a cura. Quando deixamos que ela continue inconsciente, atraímos acontecimentos que nos obrigam a tomar consciência não só das nossas transgressões com relação aos outros, mas também do profundo ódio que nutrimos contra nós mesmos e que está oculto por trás dessas transgressões.

A culpa e a responsabilidade são mutuamente excludentes. A culpa se agarra à ferida e por isso nos impede de curá-la. A responsabilidade é o primeiro passo do processo de cura.

Para deixar de lado a autocondenação e a culpa, precisamos começar a assumir a responsabilidade pelos nossos ataques contra os outros. Temos de tomar consciência das nossas projeções quando elas acontecem.

Tomando consciência dos nossos ataques, vemos a causa por trás deles. Vemos os nossos medos, os nossos julgamentos e sentimentos de inadequação profundamente arraigados. Vemos o nosso profundo pedido de amor.

Isso é essencial. Não podemos começar a nos perdoar até que percebamos que toda a nossa escuridão é um clamor pela luz, e que toda a nossa raiva e a nossa mágoa são um pedido de amor. Precisamos reconhecer isso ou usaremos essa consciência para nos martirizar.

Não podemos subestimar o perigo que isso representa! Se colocarmos o nosso processo de cura nas mãos do ego, ele será apenas outro processo de autoflagelação. Só o Espírito pode se encarregar da nossa cura, pois Ele nos fortalece ao mesmo tempo que nos estimula a corrigir os nosso erros e aprender com eles.

Eu não sou ruim porque ataquei você, nem você é ruim porque me atacou. Os nossos ataques resultam do profundo sentimento de inadequação que existe em nós dois. Eles vêm de um lugar onde nem você nem eu nos sentimos amados.

Reconhecer isso é o início do clamor pela graça. É o primeiro passo para ver, mesmo em meio à escuridão, com os olhos do amor.

Enquanto eu me crucificar ou crucificar você por um erro cometido, a nossa cura não pode começar. Não é o erro que importa. É o aprendizado, o crescimento, a mudança que o erro causa na nossa maneira de ver.

Quando vejo isso, eu aceito as minhas lições. Eu aceito as suas lições. Tenho uma base a partir da qual proceder. A reconciliação e a reconstrução começam a partir dessa base. Esse é o verdadeiro alicerce da cura, no perdão de todos os erros e na gratidão pela consciência que eles trazem.

Lembre-se, a responsabilidade não vem do ego. A culpa vem. A culpa perpetua o sentimento de separação. Ela mantém a ferida aberta.

A culpa diz, "Nada que eu fizer será suficiente para corrigir os meus erros".

A responsabilidade diz, "Eu abri essa ferida e agora posso fechá-la".

É importante saber a diferença.

Muitas idéias da nova era foram tomadas pelo nosso ego não como um instrumento para crescermos, mas para nos punirmos e para punirmos as outras pessoas. Muitas pessoas que estavam realmente doentes tiveram de ouvir sandices do tipo, "Você que causou essa doença. Foi a sua raiva que provocou esse câncer. Você não está melhorando porque ainda carrega essa raiva". E quanto à culpa? É só o ego tentando repetir a mesma "ladainha da responsabilidade". Isso não funciona.

Quando o Espírito está no comando do programa da responsabilidade, ele faz tudo certo. Faz desse câncer, ou de qualquer coisa que seja, um ponto a partir do qual a pessoa pode crescer. Ele não mede o progresso com base em padrões externos. Ele apenas diz: existe um lugar onde a paz pode ser encontrada.

Quando falamos de cura, estamos falando de deixar de lado a autocondenação e a culpa pelos erros do passado. Ela envolve responsabilidade e delicadeza. Tratase de entregar o que não pertence a nós.

É limpar a substância pegajosa que se prende à nossa pele quando continuamos a justificar os julgamentos que fazemos com relação às outras pessoas. É banhar toda a nossa alma no amor e na aceitação.

E isso nos leva à Sexta Etapa.

## SEXTA ETAPA

### *Aceitar a si mesmo e aos outros como são*

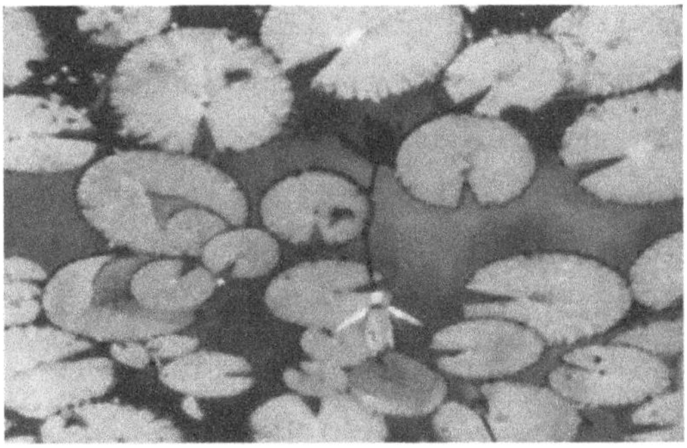

A aceitação é uma coisa engraçada. Por um lado, estamos dizendo para você aceitar os seus erros e aprender com eles. Por outro lado, estamos dizendo que você é perfeito do jeito que é. Com isso queremos dizer: aceite a sua escuridão e leve-a para a luz. Quando você a leva para a luz, a escuridão desaparece. Mas e se não desaparecer?

Às vezes, quando eu tento levar a minha escuridão para a luz, é a luz que parece desaparecer e eu sou deixado numa escuridão maior ainda. O que faço então?

Nesse caso eu tenho duas alternativas: eu posso me autoflagelar, me sentir um fracasso e condenar Deus e o mundo, ou posso aceitar as condições em que estou. "Aqui estou eu na escuridão e parece que não há nenhuma luz. Tudo bem. Esse é apenas o lugar onde estou. Nada de congratulações e nada de culpa."

Quando faço isso, eu me torno a luz que estou procurando. Todo gesto de auto-aceitação revela a luz interior e ajuda iluminar o meu caminho. Pode ser que ilumine só alguns metros à minha frente, mas tudo bem. Quando eu me aceito, o passo seguinte se revela naturalmente.

O amor, a graça, a orientação de Deus, seja qual for o nome que você der a isso, vem por meio do canal do seu amor por si mesmo. Quando se aceita como é, você abre esse canal. A mesma coisa acontece quando você aceita os outros como são.

O caminho da paz é muito simples, se você estiver disposto a praticá-lo:

1. Aceite-se como é. Você é perfeito com todos os seus problemas, dores e preocupações. Você não tem de mudar nada. Não tem de conseguir nada nem se livrar de nada. Você é perfeito assim como

é agora. Deixe esse conhecimento se interiorizar. Enquanto faz isso, os julgamentos se desvanecem naturalmente.

2. Aceite os outros como são. Eles são perfeitos com todos os seus pontos fortes e fracos. Você não tem de mudá-los. Eles não precisam melhorar para merecer a sua aceitação. Eles não precisam da sua aprovação e você não precisa da aprovação deles. Eles podem ser do jeito que são e você também pode. Ninguém está certo. Ninguém está errado. Vocês estão todos no mesmo barco. Quando você aceita os outros, o seu coração se abre. Quando aceita os outros, você passa a ser mais bondoso consigo mesmo.
3. Aceite a sua vida como ela é agora. Você não tem de mudar nada. Toda situação é perfeita do jeito que é. Todo relacionamento é perfeito do jeito que é. Toda lição serve para fazer você crescer. Todo obstáculo exterior ajuda você a se voltar mais profundamente para a sua própria Fonte de amor. Não interprete a sua vida ou você achará que algo está faltando. Não está faltando nada. As suas interpretações positivas ou negativas são

a ilusão que você veio aqui dissipar. Aceite a sua vida exatamente como ela é. Desse modo, toda ilusão que não faz jus a você e não faz jus aos outros se dissipará, pois não haverá nada para apoiá-la. Para o espaço vazio que você cria no seu coração quando se recusa a julgar, flui a presença do amor. Agora você não está sozinho. Agora a sua companhia chegou.

A aceitação é uma coisa muito simples; no entanto, é a mais difícil de aprender. Pois, com a aceitação, o nosso ego fica de lado. Com a aceitação, as barreiras para a presença do amor se dissolvem.

Este caminho é o caminho da aceitação. Ao que você não pode aceitar você fará oposição, e nessa oposição estará o seu cativeiro. O que você aceita afasta-se suavemente do seu coração. Nada pressiona você. Nada o impede de avançar. Você segue para onde o amor o leva.

Essa é uma proposição que se faz a todo instante. A todo instante, surge a resistência ou o apego. Nós o observamos surgir. Observamos a luta. Observamos enquanto ficamos cada vez mais cansados, até finalmente nos entregarmos. Deixamos que a luta chegue ao fim. Isso sempre acontece.

Ficamos mais pacientes. Mais dispostos a perdoar. Mais relaxados. Aprendemos a ser mais gentis com nós mesmos e com as outras pessoas.

Isso não parece nenhuma vitória, mas é. Quando nada se interpõe entre nós e a nossa paz, nem mesmo por um instante, nós sentimos a divindade dentro e fora de nós. Não há separação.

Esse é o fruto do caminho da aceitação.

Lembre-se, não existe um momento da nossa experiência em que a aceitação de nós mesmos e dos nossos irmãos e irmãs não nos faça recuperar a paz. Não existe um momento em que não exista nenhum obstáculo ao qual se render.

Aceitamos isso não como um objetivo, mas como uma prática. Pois, na prática, o objetivo é alcançado.

## SÉTIMA ETAPA

### *Ter disposição para aprender e para compartilhar*

Tão logo eu pense que decifrei o mistério, o meu suprimento de amor se esgota. Por quê?

Porque eu fecho a porta na minha cabeça. E fecho a porta no meu coração. Eu digo, "Chega. Agora já tenho o suficiente".

Bem, aparentemente o meu mestre interior não concorda comigo. E eu tenho outra lição a aprender sobre a humildade.

Tudo o que eu sei não significa nada se, neste momento, eu não estou em paz. E, quando eu estou em paz, a necessidade de saber desaparece.

*Um Curso em Milagres* diz que nós ensinamos o que precisamos aprender. Essa é uma constatação importante. Quando me disponho a dividir as minhas experiências com você eu reforço o meu processo de aprendizado.

Compartilhando, eu aprofundo o que eu aprendi. Estendo esse aprendizado através dos chakras. Pego um conhecimento intelectual, personalizo-o e transfiro-o para o meu coração. Quando você me ouve com atenção, eu sei que o que é verdade para mim também é verdade para você.

Compartilhando, eu aprendo a ouvir você. Vejo que você internalizou de maneira diferente, dando uma ênfase diferente. Torna-se claro que você já domina algumas lições que eu ainda não aprendi direito. Eu vejo que você é um professor para mim assim como sou para você.

Ensinar e aprender são processos para toda uma vida. Mesmo quando assumo o papel de professor, estou aprendendo e, mesmo quando assumo o papel de aluno, estou ensinando.

O modo como eu aprendo passa a ser o meu ensinamento. E o modo como ensino passa a ser um aprendizado. Veja, isso não acaba. Nunca haverá um ponto da minha vida em que eu não possa me beneficiar da opinião que você me dá. Mesmo que 99% disso seja um julgamento meu, 1% ainda será verdadeiro.

Não só os professores têm de assumir a responsabilidade pelo que ensinam aprendendo eles mesmos, como os aprendizes também têm de assumir a responsabilidade pelo que aprendem. Ninguém ensina você sem a sua permissão.

Por isso, eu estou sempre aprendendo. E você também está. Essa é a base sobre a qual nós nos encontramos, cara a cara, como iguais.

Embora eu possa fazer parte do meu trabalho espiritual sozinho, por meio da meditação, testemunhando meus pensamentos e sentimentos e estudando as escrituras, existe uma grande parte que eu não posso fazer sozinho.

Eu só posso superar as minhas projeções se eu as fizer. Eu preciso projetar em você e você precisa projetar em mim para que eu possa viver esse fenômeno.

Preciso viver a minha aparente separação antes que eu possa rejeitar essa separação como uma ilusão.

Nenhum de nós se salva sozinho. É por meio das nossas interações, por mais dolorosas que elas sejam, que aprendemos e crescemos.

Portanto, se eu me isolar dos outros, só estou adiando a minha conciliação. Mais cedo ou mais tarde, você e eu temos de nos encontrar e encenar o nosso drama.

Sem interação, nossos dois eus separados nunca entenderiam o amor de Deus. A necessidade de interação é confirmada pelo fato de uma parte da criação de Deus se sentir separada da outra. Onde quer que se sinta separação, a interação é necessária para servir como ponte.

Isso é verdade mesmo quando passamos a maior parte do tempo nos digladiando. O problema é que nós nos divorciamos e cada um segue o seu caminho pensando "Ah, dessa vez não deu certo". Depois saímos por aí procurando outra pessoa com quem possamos viver bem.

Nós vivemos tentando ficar junto de outra pessoa e vivemos nos dando mal, pois não é isso o que nos foi pedido. Deus não pediu que ficássemos juntos. Ele nos pediu para respeitar uns aos outros.

A regra de ouro diz, "Faça aos outros o que gostaria que fizessem a você". Ela não diz, "Junte-se a uma pessoa com quem você se dê bem".

Enquanto estivermos tentando nos juntar com outra pessoa, continuaremos a não ver o âmago da questão. Não estamos aqui para descobrir a nossa salvação "um nos outros", mas "por meio um dos outros".

Não precisamos nos unir uns aos outros porque já estamos unidos em Espírito. Na nossa realidade baseada no ego, parecemos estar separados. Parece que temos personalidades separadas e necessidades diferentes. Continuamos tentando nos unir nesse nível, mas não conseguimos. A união só acontece quando essas diferenças caem por terra.

Quando "fazemos aos outros o que gostaríamos que fizessem conosco", enfatizamos a única coisa que de fato temos em comum como seres separados: a igualdade que existe entre nós. Quando nos respeitamos como iguais, nós assumimos a relação correta uns com os outros e permitimos que a presença divina se manifeste entre nós. Como disse o filósofo Martin Buber, Deus não existe "em mim" ou "em você", mas "onde nós nos encontramos".

Descobrir "onde nós nos encontramos" é a dança da vida. É também uma das principais práticas espirituais.

Toda oportunidade que aproveitamos para compartilhar os nossos pensamentos e sentimentos com os outros nos ajuda a transcender nossa realidade baseada no ego e a descobrir as aspirações e necessidades que temos em comum. Toda vez que abrimos o coração para o outro, dissolvemos a ilusão da separação entre nós.

Em última análise, não nos aproximamos uns dos outros para "nos unirmos", mas para testemunharmos que já estamos unidos, no coração e na mente. Podemos diminuir essa união julgando e enfatizando as nossas diferenças, ou podemos permanecer juntos aceitando e abençoando todas as pessoas como elas são.

Quanto mais ficamos nesse espaço comum, o círculo sagrado, mais constatamos que esse é o nosso lar e que toda excursão do ego é um desvio. Isso não significa que vamos parar de nos distanciar, mas que, enquanto estamos nos distanciando, ficamos na expectativa do nosso reencontro.

Sabemos onde fica o nosso lar. E sabemos que podemos voltar para ele quando estivermos prontos.

## OITAVA ETAPA

# *Ser a sua própria autoridade*

Vamos deixar bem claro. Ser a sua própria autoridade não significa ser uma autoridade para outra pessoa! Significa apenas que você não deixa que ninguém seja uma autoridade para você. Todo mundo é livre para escolher, inclusive você. E todo mundo é responsável pela escolha que faz. Como poderia ser diferente?

Muitas pessoas tentam cruzar essas fronteiras bem definidas de responsabilidade, embora essa atitude só sirva para dificultar a percepção da realidade. Não seja alguém ávido por castigos. Respeite essas fronteiras e você respeitará as outras pessoas.

Primeiro perceba que você não está assumindo a responsabilidade por si mesmo quando:

1. Deixa que outra pessoa faça escolhas por você ou
2. Faz escolhas por outra pessoa

Isso é co-dependência. Não fortalece nem você nem o outro. Pode parecer que lhe dá uma certa vantagem temporária, mas tira de você a liberdade de fazer as suas próprias escolhas na vida.

É muito bom ouvir os outros e aprender com eles. A troca de experiências é essencial para o crescimento espiritual. Ela lhe dá idéias que você pode usar para alargar os seus horizontes. Mas os outros não sabem do que você precisa. Nem os médiuns nem outras pessoas intuitivas podem lhe dizer o que você precisa saber. Eles podem lhe dar uma informação importante, mas também podem não dar. Seja como for, é você quem tem de usar essa informação para encontrar paz interior.

Entenda que as outras pessoas só podem lhe dizer coisas verdadeiramente úteis até uma certa medida. E essa medida também se aplica ao que você pode dizer aos outros. A maior ajuda que você pode receber de outra pessoa ou dar a ela é o estímulo. Qualquer coisa além disso raramente serve para alguma coisa.

Para ser a sua própria autoridade, você tem de deixar de lado o conceito de que existe uma resposta fora de você. Você tem de deixar de lado o conceito de que existe alguma coisa para se alcançar.

A autoridade é uma conseqüência direta da experiência. Ela diz, "Eu respeito a minha vida. Eu aceito o que é verdade para mim, mesmo que não seja verdade para os outros".

A autoridade interior nem sempre está de acordo com o que os outros recomendam a você. Sempre que tenta fazer com que as outras pessoas adequem-se aos seus valores e crenças, você tira o poder que esses valores e crenças têm na sua vida. Sempre que você precisa da concordância dos outros para apreciar a sua vida, você perde o contato com a sua autoridade interior.

Todo mundo tem o direito, na verdade a responsabilidade, de dizer, "Isso é verdade para mim. Isso funciona comigo". Essa é uma importante auto-afirmação. Pois a vida de ninguém é exatamente como a minha.

As minhas experiências são únicas e devem ser consideradas como tal.

Qualquer um que tente me convencer a negar a integridade da minha experiência também nega a sua própria experiência. É impossível afirmar-se negando os outros.

Portanto, toda a energia que eu desperdiço negando e julgando os outros me afasta da minha orientação e da minha verdade. Eu não vou saber o que é verdade para mim enquanto não respeitar a experiência dos outros.

Em contrapartida, enquanto estiver investindo mais na experiência das outras pessoas do que na minha, eu não ouço a minha própria verdade interior. A autoridade é algo que vem de dentro e não vale para mais ninguém, só para mim.

A minha autoridade limita o meu desejo de escolher quando esse desejo infringe a liberdade e a responsabilidade que as outras pessoas têm de escolher por si mesmas. Ela também me dá o poder de escolher por mim, mesmo quando os outros fariam escolhas por mim.

A minha autoridade e a sua são compatíveis e estão em pé de igualdade. Você não pode negar ou infringir a sua autoridade sem me convidar a fazer o mesmo. Nesse sentido, a sua fidelidade à sua própria experiência confirma a sua própria inocência assim como a minha.

Ora, em vista de tudo isso, fica claro que subestimar ou superestimar a nossa autoridade faz parte do nosso processo de aprendizado aqui. É parte da nossa contradança.

Portanto, a nossa intenção não deve ser acabar com a dança, mas testemunhá-la. Quando fazemos isso, essa dança passa a incluir movimentos em direção ao centro. Eles passam a ser mais visíveis. Quando percebemos que imprimimos um ritmo lento ou acelerado demais à nossa dança, a correção acontece naturalmente. O testemunho nos ajuda a ver e a aprender com o nosso próprio comportamento sem julgá-lo.

A questão da autoridade é uma das mais profundas com que temos de lidar. Não existe ninguém que já não tenha se vangloriado de si mesmo ou se desvalorizado um dia. Não conheceremos a nossa autoridade existencial até que constatemos o caráter ilusório da nossa autoridade baseada no ego. A primeira vem da simples atitude de aceitar a nós mesmos e aos outros. A outra vem do sentimento profundo de inadequação que projetamos nos outros.

Aqueles que têm ilusões de superioridade geralmente cultivam sentimentos inconscientes de inferioridade. E aqueles que se submetem à força ou à sabedoria de outras pessoas geralmente cultivam sentimentos inconscientes de superioridade. Por mais estranho que pareça, nem a pessoa que desempenha o papel de superior nem a que desempenha o papel de inferior está disposta a defender as suas convicções sem a ajuda de outra pessoa. De um jeito ou de outro, ambas precisam do apoio e da concordância de terceiros.

Temos de despertar para o fato de que podemos ser fortes ou fracos demais para o nosso próprio bem. Os estudiosos do *I Ching* não acharão esse conceito difícil. Os que são fortes demais atraem os fracos e, portanto, acabam ficando fracos também. E os que são fracos demais atraem os fortes e, portanto, ficam mais fortes.

Um usa o outro para chegar a um equilíbrio. Infelizmente, esse não é um processo consciente e por isso existe muito pouca compreensão desse intercâmbio ou gratidão por ele.

Parece importante nessa etapa da nossa evolução coletiva que esse processo de "chegar ao equilíbrio" passe a ser consciente. É por isso que estão começando a surgir tantos livros sobre abuso ou co-dependência. Esses intercâmbios, quando acontecem inconscientemente, provocam muitas mágoas não-verbalizadas.

Falar a respeito das nossas mágoas é saudável. É falando que nós nos "apropriamos" da nossa experiência e assumimos a responsabilidade pela nossa cura.

Todo esse processo é sobre RESPEITO, respeito por nós mesmos e respeito pelos outros. A palavra respeito deriva do latim *specere*, que significa olhar. Respeito (ou *re-specere*), portanto, significa "olhar para trás, ver novamente ou de modo diferente".

Subentende-se que, primeiro, nós "olhamos através de lentes embaçadas e depois olhamos de frente". O nosso modo de ver é, a princípio, distorcido e, em seguida, corrigido. Primeiro cometemos erros e depois os corrigimos. Primeiro cometemos transgressões uns contra os outros e depois perdoamos.

Esse é um processo que se repete vezes sem conta. O respeito por nós mesmos e pelos outros é algo que conquistamos violando a lei da igualdade. A consciência da nossa violação, em si e por si mesmo, leva-nos de volta à igualdade.

Por isso, quando dizemos "Seja a Sua Própria Autoridade", o que queremos dizer é: aprenda a ser quem você realmente é e aprenda a ver os outros como realmente são. Pratique a igualdade. Aprenda com a desigualdade. Aceite o processo. Use-o para chegar a um equilíbrio e crescer.

# Confiar na sua vida

## O TERCEIRO PILAR

### *Confiar na sua vida*

Boa parte do que acontece na nossa vida nos leva até os limites das nossas fronteiras e nos deixa ali. Ela diz, "Você não está limitado ao que existe dentro dessas fronteiras".

Como que para confirmar essa afirmação, nós vivemos lutando para transpor cada fronteira que criamos. Toda vez que tomamos uma posição firme — seja ela qual for —, separamos a realidade unificada em duas partes aparentes. Chame essas partes do que quiser: bem e mal, masculino e feminino, alto e baixo.

Da unidade, nós criamos a dualidade. Sempre que eu digo, "Eu", surge o Você, ou seja, o "Não-eu". Mesmo que eu diga "Nós", eu quero dizer, "Não-eles".

Não importa quanto eu expanda a minha consciência; continuo encontrando pessoas e situações que não posso aceitar. Quando isso acontece, eu desenho uma linha divisória. Estabeleço as minhas fronteiras. O que está deste lado da linha é aceitável. E o que está do lado de lá não é.

Essa é a natureza da jornada da minha consciência. Toda a minha vida é um processo de criação e destruição de fronteiras. Quando consigo vê-la dessa maneira, eu aprendo a ser menos intransigente comigo mesmo e com os outros. Eu sei que as fronteiras não são reais. Foram as minhas crenças que fizeram com que elas parecessem reais. Quando eu mudo as minhas crenças, essas fronteiras simplesmente desaparecem.

Eu estou sempre tentando definir e ordenar a minha existência. Quanto mais eu tento fazer isso, mais ela fica caótica. Eu simplesmente não consigo controlar a minha vida muito bem. Cedo ou tarde, chego a essa conclusão.

Cedo ou tarde, percebo que o meu propósito aqui não é tentar controlar a vida. É colaborar com ela.

Eu posso dizer o que quero. Não há nada de errado com isso. Mas tenho de escolher o que obtenho, seja isso o que eu quero ou não.

Muitas vezes, eu acredito que o que acontece não está de acordo com a minha vontade. Mas depois eu descubro que isso é exatamente do que eu precisava na época. Mais cedo ou mais tarde, eu chego à constatação de que não sei do que preciso.

No entanto, a minha força vital sabe. Ela sabe do que eu preciso e atrai isso para mim. Eu costumava chamar a minha força vital de "destino" ou "Deus", mas isso nunca funcionou porque eu a colocava fora de mim.

Ela não está fora de mim! Ela não está fora nem dentro, ou talvez esteja tanto fora quanto dentro. Quando eu desenho a linha divisória, ou ela se retrai a ponto de eu não conseguir mais encontrá-la ou se expande além de todos os limites que eu possa imaginar. Ela é diminuta, uma completa incógnita! Procure-a no seu corpomente e você não vai encontrá-la.

Quanto pesa um cérebro? Ela é mais leve do que isso. Quanto pesa a alma? Ela é mais leve do que isso também! Leve demais para se pesar, ela está além da gravidade. No entanto, ela é tão extensa que nem mesmo o universo é vasto o suficiente para contê-la!

Quando eu olho para o que realmente sou, não vejo limites, nem dentro, nem fora. Quando eu olho para quem realmente sou, vejo que não sou diferente de você. Não sou diferente de Deus. É tudo a mesma coisa. É tudo um só movimento da força vital sem começo nem fim!

Quando estou dentro das minhas fronteiras, tudo parece tão importante! Quando a vida entra em cena e põe fim a essas fronteiras, eu percebo que todas as coisas às quais eu dava tanta importância eram, na verdade, insignificantes.

Cada onda é uma purificação, uma dissolução dos apegos, um apagador na lousa dos julgamentos e das avaliações. Como disse o meu amigo Jim, depois de assistir a uma conferência, "Eu fiquei tão extasiado que não consegui nem preencher o formulário de avaliação!"

Aos poucos, as energias vertiginosas da minha vida se acalmam e passam a ser uma suave dança. É extraordinário! Eu começo a ver que a minha vida é perfeita do jeito que é. Não tenho de mudar nada. Não tenho de mudar os meus relacionamentos, o meu emprego ou o meu endereço para ser feliz. Eu sou feliz aqui, agora mesmo, como sou. A vida veio até mim e eu a acolhi, simples e profundamente.

Eu não sei o que me trará o minuto seguinte, mas não importa. Seja o que for, está perfeito. Pois eu deixei o medo para trás, junto com os meus julgamentos. Nenhuma mácula do passado tira a minha inocência; nenhuma expectativa com relação ao futuro impede a liberdade de ser eu mesmo ou de deixar que você seja quem é. Eu me apóio simplesmente no entendimento de que posso ser como sou e de que você pode ser como é, e a vida é perfeita como é. Essa é a minha bem-aventurança. Essa é a minha substância.

O resto é só uma questão de peso e tamanho. O resto é só uma forma que veio do pó e para o pó voltará.

O insubstancial não pode conter o substancial. As fronteiras não podem conter o que não tem forma. A mente limitada não pode conter a mente de Deus.

Mas a mente de Deus contém todas as coisas. É uma taça que estará para sempre vazia. Não importa quanto vinho nela vertamos, ela nunca transbordará. Essa é a profunda bênção que todos nós recebemos. Essa é a prece nos nossos lábios, a canção esquecida da qual nos lembramos quando os nossos corações se abrem uns para os outros. É simplesmente dizer, "Bem-vindos, irmão e irmã. O lugar que vocês um dia ocuparam continua vazio, esperando a sua volta. Sejam bem-vindos em casa".

# NONA ETAPA

## *Aceitar a lição*

A vida nunca me traz o que eu espero. Se ela trouxesse, eu nunca aprenderia nada. As minhas expectativas sempre têm de ser frustradas para que eu possa atingir uma realidade mais ampla e profunda.

Toda lição que me é apresentada serve para me despertar, não para me punir. Enquanto estou achando que Deus ou que o universo está tentando me punir, eu não sou capaz de aceitar a minha lição nem de aprender com ela.

Na verdade, toda lição serve para me elevar. Se ela me mantivesse no estado em que estou, poderia me fazer decair antes de me inspirar, mas o objetivo dela é sempre enaltecer.

Evidentemente, a minha lição e a interpretação que eu faço dela são bem diferentes! Eu simplesmente não posso entender a minha lição no nível do ego. A lição sempre me leva para além do ego.

Se eu estou em busca de reforçar o meu ego, não vou conseguir a conivência de Deus. No entanto, a minha fé em Deus aumenta à medida que consigo reforçar o meu ego!

Não é de admirar que eu acabe frustrado! Tão logo eu pense que estou livre das minhas antigas limitações conceituais, sou puxado de volta para o caos.

Para aprender as minhas lições, preciso ter muita compaixão por mim mesmo. Preciso perceber que não é fácil para mim mudar o modo como percebo a realidade. Se fosse, eu não precisaria de uma lição para praticar.

Por isso, eu preciso ter paciência. Preciso seguir no meu próprio ritmo. Não há pressa. A maioria das minhas lições não visa um avanço, um progresso. Visa uma mudança na maneira como vejo as coisas. Eu não preciso mudar a mim mesmo, os outros ou o mundo. Eu preciso mudar a minha maneira de ver a mim mesmo, os outros e o mundo.

Se, no meu entender, a vida está pedindo que eu seja diferente do que sou ou exigindo de mim algo que eu não posso dar, isso é sinal de que não estou entendendo muito bem as minhas lições. Se o medo vem à tona, a vida me convida a enfrentá-lo. Se algo é um fardo para mim, ela me convida a tirá-lo dos ombros.

Seja qual for a lição, ela é perfeita para mim. A vida só me convida a fazer o ajuste de que sou capaz. Ela nunca pede mais do que eu posso dar.

Por essa razão a confiança passa a ser imprescindível. Quanto mais eu confio nas minhas lições, mais eu coopero com elas e mais eu aprendo.

Em vez de encarar o desconhecido com suspeita, eu lhe dou as boas-vindas. Eu vejo como ele me expande e cria um espaço maior para o amor.

Obviamente, isso não é tão fácil quanto parece. Quando surge a dor na minha vida, eu automaticamente fico tenso. Resisto a ela. Raramente aceito a dor e pergunto qual é a mensagem que ela me traz. A minha tendência para resistir à dor vem da minha crença de que a dor é um ataque contra mim. Por isso, eu tento exorcizá-la. Mas isso só serve para aprofundá-la. Por meio da experiência, eu aprendo que o caminho para acabar com a dor não é a resistência, mas a aceitação.

Esse é um grande paradoxo. O único jeito de dissipar a dor é parar de tentar dissipá-la. Quanto mais eu tento me livrar dela, mais ela persiste.

A dor não é um castigo, mas uma comunicação. Ela me diz que algo não vai bem. Pede-me para fazer algum tipo de ajuste. E me convida a expandir a minha consciência.

Da mesma maneira, toda lição me incentiva a abrir o coração e a mente de um jeito novo. Mecanismos de defesa obsoletos, hoje desnecessários para a minha sobrevivência, têm de ser abandonados. Pouco a pouco, o território reivindicado pelo medo tem de se abrir para o abraço do amor.

Esse é um processo gradual. Ninguém me pede para que eu me abra de uma vez. Desde que eu faça progressos, estou cooperando com as minhas lições.

Isso não significa que eu não encontre resistência. Isso acontece de tempos em tempos. O meu objetivo não deve ser tentar me livrar da resistência, mas notar quando ela aumenta e quando diminui. É desse modo que eu começo a entender como os meus pensamentos, sentimentos e crenças influenciam a minha vida.

Eu percebo cada vez mais que o importante não é o que acontece na minha vida, mas a maneira como eu reajo ao que acontece. Quando dou mais ênfase às minhas reações, que eu posso influenciar, eu me fortaleço e encontro soluções criativas para as muitas situações desafiadoras que a vida me apresenta.

Não sou mais vítima de forças ofensivas exteriores a mim, mas um protagonista, que influencia positivamente o resultado dos acontecimentos mantendo uma atitude de confiança, esperança e fé. Na verdade, sempre que acontece algo que perturba a minha paz, eu percebo que a minha atitude com relação à vida não foi adequada. Quando eu paro para refletir e elevar o meu coração, vejo um mundo mais cheio de graça e cooperação à minha volta.

Ao contrário da nossa antiga programação, os acontecimentos da nossa vida nunca são estáticos. Eles nunca significam o que achamos que significam. Tudo está em movimento, inclusive os nossos pensamentos e sentimentos. Portanto, se realmente quisermos entender o que está acontecendo na nossa vida, precisamos "ficar" com a situação por um determinado tempo. Depois que esperamos esse tempo para sentir o que está acontecendo, temos mais chance de responder a ela de maneira apropriada.

A pior coisa que podemos fazer quando estamos diante de uma lição é concluir precipitadamente o que ela significa. Precisamos "ficar" com a situação sem tentar julgá-la ou interpretá-la. Precisamos tomar pé da situação, senti-la, ver como ela se altera quando os nossos sentimentos e pensamentos mudam.

Esse é o processo de ouvir interiormente. Eugene Gendelin escreveu um livro chamado *Focusing*, no qual ele ensina uma técnica muito útil para desenvolvermos a sensibilidade com relação aos nossos sentimentos mais profundos. As técnicas de meditação também são muito proveitosas.

Quando nos detemos diante de uma situação problemática, tentamos analisá-la ou compreendê-la intelectualmente. Ao fazer isso estamos tentando resolver o problema no mesmo nível em que ele existe. Isso não funciona. Precisamos mergulhar no nosso corpo e nos ancorar ali. Precisamos afastar a "mente pensante" e mergulhar na "mente senciente".

A Mente Senciente abarca toda a situação. Ela não seleciona uma parte em detrimento de outra. Ela não tem intenção de escolher, pois a escolha só agravaria o conflito. Ela apenas se amplia para abranger todos os aspectos, todas as polaridades, todas as contradições. Ela abarca a situação como um todo, sem julgá-la. Só permite que tudo fique presente na consciência.

Esse ato de aceitação total permite uma mudança sutil na consciência. Essa mudança faz com que o objetivo deixe de ser "encontrar uma solução para o problema" ou "escolher" entre duas posições opostas, e se torne fazer uma ponte entre essas duas posições, mudando a percepção de que elas são mutuamente excludentes.

Isso se assemelha a um debate entre duas pessoas que discordam uma da outra. Muitas vezes, quando duas pessoas querem resolver as suas diferenças, é essencial a presença de uma terceira. Essa pessoa — seja um árbitro ou um terapeuta — se encarrega de encontrar um terreno neutro onde as duas pessoas possam ser ouvidas e ter as suas necessidades atendidas.

O mediador faz com que a prioridade seja encontrar uma solução que beneficie a ambas, não apenas uma delas. O mediador ajuda a criar nas duas pessoas a consciência do "nós". É nesse espaço mais amplo que os problemas são resolvidos. Na verdade, nesse espaço os problemas deixam de existir. Só havia um problema porque ele era visto do ponto de vista do ego.

A mesma coisa vale para a consciência em si. Os problemas não são resolvidos a partir das percepções estreitas do ego, norteadas pelo conflito, mas da perspectiva mais ampla do espírito, que comporta todas as contradições.

A resolução de um problema, portanto, requer uma mudança na consciência, uma transição da "mente pensante" para a "mente senciente". Ela também requer a transição de uma mentalidade em que os conteúdos da consciência estão sendo vistos de modo polarizado, como se fossem opostos, para uma mentalidade em que eles são vistos como fatores coexistentes.

A paz mental, a paz entre as pessoas e a paz entre as nações seguem os mesmos princípios. Em qualquer um dos casos, ela requer uma mudança na intenção e na atenção, uma mudança na consciência e na maneira de perceber as coisas.

Quando estou lutando com a minha lição, ela é minha inimiga. Quando eu a aceito, ela é minha amiga. Eu sempre cultivo um relacionamento com a minha lição, e esse relacionamento que eu cultivo determina se eu vou resistir a ela ou aprendê-la e seguir adiante.

Um ensinamento que não permite que as lições sejam aprendidas não é um ensinamento espiritual, mas sim uma forma de doutrinação. As nossas lições só são aprendidas quando abrimos o coração e abrimos a mente. Elas não têm nada a ver com conceitos rígidos e princípios morais absolutos. Elas são sempre vivenciais.

Portanto, a nossa vida é um laboratório de aprendizagem. A nossa experiência mental e emocional é uma sala de aula em que aprendemos a culpar ou abençoar, a rejeitar ou aceitar, a controlar ou libertar.

# DÉCIMA ETAPA

## *Reconhecer que tudo está certo do jeito que é*

Quando *Um Curso em Milagres* nos pede para "Escolher outra vez", ele nos convida a mudar a nossa percepção, a ver as coisas de modo diferente. Ele nos pede para reconhecer a desigualdade e a escolher a igualdade. Ele nos pede para reconhecer o nosso medo e entender que amor é o que queremos.

Se não conseguimos mudar a nossa visão das coisas, se não conseguimos ver que amor é o que queremos, então ele nos pede apenas para que fiquemos conscientes de que não conseguimos. A consciência sempre basta. Toda esta experiência se resume à expansão da consciência.

Contanto que eu tenha consciência de que tenho escolha, não importa se eu ainda não consegui escolher o amor. Será que você consegue aceitar isso?

O ego sempre diz, "Sua criatura desprezível! Você estragou tudo de novo! Você se esqueceu de escolher o amor. Você nunca vai sair disso!"

E nós todos sabemos que essa voz virá à tona. Mas, por trás dessa voz, existe uma outra que diz, "Tudo bem. Não se preocupe. Basta que fique consciente. Você fez o que pôde".

Nós sabemos que essa é a voz do Espírito, porque ela nos respeita e respeita também todo mundo que faz parte do nosso drama. Ela não nos exalta em detrimento das outras pessoas nem nos deixa arrasados para elevar os outros. Ela diz, "Tudo bem. Você julgou. A pessoa se ofendeu e o atacou. Você contra-atacou. Agora os dois se sentem péssimos. Basta que você fique consciente do que aconteceu. Nenhum julgamento é necessário".

Na visão do Espírito, eu não tenho de estar certo o tempo todo para ser aceito. Sou aceito mesmo quando cometo erros. Sou aceito até quando cometo o mesmo erro duas ou três vezes. E o mesmo vale para o meu irmão ou irmã.

Existe um padrão para todos nós e esse padrão é: "Os erros fazem parte do processo de aprendizado e o mesmo vale para o perdão". O julgamento e a culpa são falsas interpretações não só do que aconteceu, mas do motivo por que aconteceu.

Tudo o que acontece na nossa vida só tem um propósito: remover os "bloqueios à presença do amor"; dissolver "os obstáculos à paz". Toda luta, todo confronto não passa de um instrumento de despertar, um lembrete para que escolhamos outra vez.

Sempre que nos sentimos ultrajados, sempre que nos sentimos punidos injustamente ou passados para trás, precisamos nos lembrar disso. Sempre existe algo a aprender, algo a liberar, algo pelo qual agradecer.

Como o amor pode ser um ataque? Se o estado básico da criação é um estado de amor, então, mesmo quando nos sentimos atacados, o amor está presente. Mesmo em meio ao sofrimento, a paz é possível.

Cada momento que vivemos é um momento em que se espera de nós um gesto de perdão. Toda vez que nos julgamos ou julgamos outra pessoa, toda vez que sentimos medo e atacamos, toda vez que queremos atacar, mas nos contemos, toda vez que justificamos o nosso ataque ou a nossa defesa, espera-se de nós um perdão. Mas o que isso significa?

Significa que eu percebo, antes de mais nada, que, não importa como eu me sinta, esse é o modo como estou me sentindo no momento. Eu posso ter me sentido assim no passado, mas isso não faz com que isso seja mais real do que foi um dia.

Usar o passado para justificar a minha raiva só reforça a minha raiva. Por isso, tenho de aceitar o passado como foi.

Eu não carrego o passado para o presente e não carrego o presente para o futuro. Só aceito o presente como ele é. Isso é perdão.

Não se trata de nada esotérico. Eu só deixo que tudo seja como "é". Não luto contra isso. Não tento mudar nada. Só deixo que seja do jeito que é. Deixo que isso fique comigo e me deixo ficar com isso.

Eu sou como um vinicultor. A minha experiência é o vinho. Eu o coloco no barril da aceitação para envelhecer. Com o tempo, a aceitação amadurece e se torna entendimento. Com o tempo, a minha experiência torna-se uma verdade viva que me guia e inspira os outros.

Isso requer muita paciência. Significa que eu tenho de reconhecer que o vinho ficará muito melhor depois de envelhecido. Se eu o beber cedo demais, antes que eu tenha vivido com ele, a minha experiência não vai me ensinar. Ela só reforçará o que eu aprendi no passado e que, em grande parte, pode não servir mais para mim.

Preciso reconhecer que a mudança não é ruim. Ela é um processo de amadurecimento. Se eu não tivesse mudado, não teria amadurecido. Se não tivesse aceito a minha experiência, não teria aprendido com ela.

Enquanto eu estiver me empenhando para que tudo fique igual, não poderei me beneficiar das lições que a vida espontaneamente me proporciona. Eu tenho de estar disposto a mudar. Mas não posso ser orgulhoso a ponto de achar que sei a direção para a qual a mudança me levará.

Isso eu não sei. Nem devo saber. Isso vem do desconhecido, do que está além de mim mesmo, ou vem de uma camada tão profunda de mim mesmo que eu nem reconheço. Ela vem por meu intermédio e me transforma à medida que acontece.

Saber que tudo está bem do jeito que está é simplesmente confiar no processo, seja o que for que ele traga. Significa que eu sei que o Criador me ama e permanece comigo enquanto eu enfrento as minhas tribulações. Ele não pode interferir nas minhas lições, pois não foi Ele que as recomendou.

Ele é simplesmente minha testemunha, assim como eu sou testemunha Dele. Nada mais, nada menos.

## DÉCIMA PRIMEIRA ETAPA

# *Olhar no espelho*

Não importa para onde nos voltemos, nós vemos a nossa própria sombra. Às vezes ela olha de volta para nós através dos olhos dos nossos irmãos. Ela salta diante de nós quando corremos a toda velocidade a favor do vento.

A nossa sombra não desaparece. Ela permanece conosco.

Tudo que tememos é, de algum modo, personificado. No entanto, pertence a nós. Tudo que vemos do lado de fora do nosso corpo-mente confirma a nossa realidade interior.

Se você aceita essa realidade interior sem o reflexo exterior, o que você tem é o estado de morte, um estado livre de projeções, um estado em que a interação é desnecessária, pois as partes do todo não estão mais separadas.

Mas, neste mundo, existe o interior e o exterior. Existe uma imagem e um reflexo.

Existe a mente que pensa e a mente que sente. A mente senciente reflete a mente pensante, pois todo sentimento é um reflexo de um pensamento. Muitas vezes, é difícil separar o sentimento do pensamento, pois um segue o outro quase que instantaneamente.

Toda a psique é um campo ou sucessão de estados de pensamento e sentimento inextricavelmente ligados. Cada campo da consciência intercepta os outros e interage com eles, deixando tudo ainda mais complicado. Na verdade, é impossível compreender as partes componentes ou o número de relacionamentos entre eles.

O que podemos compreender, no entanto, é que, a todo momento, o que vemos fora de nós reflete o campo interior da nossa consciência, ou série única de construtos pensamento/sentimento. Como tal, a realidade exterior serve com um espelho para nós. Olhar nesse espelho pode ser doloroso, mas não é tão doloroso quanto fingir que o espelho não existe.

Toda pessoa que cruza o nosso caminho e coloca o dedo nas nossas feridas não passa de uma personificação da nossa sombra. Ela não tem um significado objetivo na nossa vida. Muitas vezes nós retribuímos o favor e colocamos o dedo nas feridas dela também. A nossa interação é totalmente subjetiva. É o relacionamento entre duas sombras.

Só quando uma pessoa desperta e entende que a interação só está relacionada à sua própria sombra e nada mais — o que ela odeia, não consegue aceitar ou teme com relação a si mesmo —, o espelho pára de refletir. Essa consciência desmantela a situação difícil, destrói a projeção. Interações como essa só podem continuar por meio da concordância (geralmente inconsciente) de ambas as partes.

Não olhamos o espelho para aprender como nos odiar, mas para reconhecer os nossos julgamentos reprimidos. Esses julgamentos sabotam a nossa capacidade de sentir o todo em nós mesmos ou nos nossos relacionamentos. Portanto, a descida às profundezas sombrias da psique é essencial para o nosso processo de cura. Sem a descida, não podemos ser guardiões da luz.

O mais interessante é que essa descida às profundezas sombrias e a subseqüente elevação para a luz não acontecem de maneira linear. Trata-se de uma jornada cíclica. Primeiro eu encaro algum medo que neguei anteriormente, levando-o para a luz, e então outro vem à tona. Isso parece familiar? Cada vitória é seguida por um desafio subseqüente.

Causamos a nós mesmos um transtorno quando encaramos o nosso processo espiritual pelo ponto de vista do mundo ou do ego. Da perspectiva tanto do ego quanto do mundo, somos todos míseros fracassados. O pensamento linear, gradativo, voltado para o cumprimento de tarefas, simplesmente não pode compreender o significado dos processos cíclicos. Só a intuitiva mente senciente compreende os conceitos de polaridade e mudança.

Coletivamente, as tradições orientais são mais compatíveis com a mente senciente. Na verdade, a tradição taoísta, da qual derivam o *I Ching*, o *Tao Te Ching* e outras obras de arte do entendimento espiritual, oferece-nos algumas das idéias mais profundas sobre o processo de mudança.

Para os taoístas, tudo é energia em movimento. Até as idéias que parecem ter atingido o seu ápice ou nadir se reciclam, movendo-se para a direção oposta. Para a mente oriental, a vida é um pêndulo, que se move para a frente e para trás; não é uma jornada linear numa única direção.

Essa perspectiva nos ajuda a entender que o nosso progresso espiritual não é medido pelo número de lições que recebemos, e nem mesmo pelo número de lições que aprendemos, mas pela nossa disposição para olhar no espelho quando ele está diante de nós. Segundo *Um Curso em Milagres*, essa "leve disposição" é o que basta.

Nesse sentido, toda vez que estamos dispostos, avançamos para abranger todas as nossas lições simultaneamente. Toda vez que abrimos o coração, temos uma mostra do que ele sente quando está totalmente aberto.

Portanto, toda lição consiste em expandir e aprofundar a consciência. Consiste em levar a mente para além dos limites conceituais e o coração para além das suas fronteiras emocionais. É levar material inconsciente para a consciência, curar as feridas do passado e descobrir uma nova fé e confiança.

Um novo sucesso traz um novo desafio. Um novo fracasso traz uma nova oportunidade para escolher outra vez. Não existe absolutamente nenhum julgamento implicado nisso.

Os processos subjetivos não têm um início ou um fim cronológico. Isso é difícil de entender ou aceitar. Mas é uma conscientização essencial se quisermos olhar o espelho vezes e vezes sem conta, sem desanimar ou ficar deprimidos. Depois de encarar o espelho um número suficiente de vezes, todos nós desenvolvemos um "senso de humor cósmico". Não tentamos mais ser perfeitos nem tentamos fazer todos os nossos trabalhos a tempo. Passamos a ficar satisfeitos com o que a vida nos traz. Só o fato de enfrentarmos o que surge em nosso caminho sem nos crucificarmos ou crucificarmos os outros já é um desafio por si só.

E ficamos suficientemente espertos, ou experientes, para saber que de vez em quando vamos falhar. Quero dizer, vamos esquecer completamente tudo o que aprendemos e fazer as coisas mais estúpidas que podemos imaginar. Todos os nossos piores medos vão se materializar. Vamos ficar constrangidos, indignados, abalados. E, de algum modo, vamos sobreviver a isso. E talvez até encarar essa falha como uma dádiva.

E, então, passamos a saber de fato que a jornada continua. E sabemos que está tudo bem, independentemente do lugar onde aparentemente estamos e do que parece estar acontecendo. E isso nos leva à última etapa, que, já devemos saber, é também a primeira.

## DÉCIMA SEGUNDA ETAPA

### *Abrir o coração*

O jeito mais fácil de abrir o coração é pedir ajuda ou oferecê-la. Se você está em dificuldade, peça ajuda. Peça para um amigo. Peça para um estranho. Peça para Deus. Peça.

A porta do seu coração não pode se abrir se você não der permissão. Pedir é dar permissão. Trata-se de um convite para que o Espírito Santo ajude você a ver as coisas de modo diferente. Trata-se de um convite para que os seus irmãos e irmãs o cumulem de amor e aceitação.

"Pedi e abrir-se-vos-á." O pedido feito com fervor é sempre atendido. A resposta pode não vir da maneira que você espera, mas ela se mostrará se você estiver disposto a ver. O próprio ato de olhar dá a possibilidade de encontrá-la.

Você está buscando amor? Então você o encontrará. Mesmo que não o encontre logo, continue procurando. Se o amor não preenche as suas expectativas, deixe de lado essas expectativas. Mude toda e qualquer idéia ou impressão que bloquear a sua consciência da presença do amor e você com certeza o encontrará.

Lembre-se, se não estiver em busca do amor, você não o encontrará. Portanto, não seja tímido.

Se você quer abrir o coração, ofereça ajuda a alguém. Pode ser um amigo ou um estranho; não importa. Deixe a intuição guiar você. Em algum lugar lá fora, alguém está clamando por amor. Não, não de maneira explícita. Mas silenciosamente. E você saberá quem é.

Ofereça amor sem condições. Ofereça ajuda sem esperar nada em troca. Isso abrirá o seu coração. E abrirá o coração das outras pessoas.

Cada um de nós tem nas mãos a chave da salvação. E podemos oferecê-la uns aos outros com um gesto de apoio, uma palavra gentil de estímulo. Podemos oferecê-la uns aos outros vendo cada ataque como um pedido de amor.

O coração se abre quando nós nos aceitamos com todas as nossas contradições, com todas as nossas fraquezas, com todos os nossos conflitos. O coração se abre quando aceitamos outra pessoa com todas as suas provas e tribulações. O coração se abre quando oferecemos amor simplesmente, como faríamos a uma criança ferida. E ele se abre quando a criança ferida interior se abre para o amor que lhe é oferecido.

Não existe nenhum mistério quanto ao que abre o coração. A aceitação faz isso.

Não há nenhum mistério quanto ao que fecha o coração. O julgamento faz isso.

O coração é um músculo espiritual. Ele se abre e se fecha. Quanto mais ele trabalha, mais forte fica.

Não se julgue caso sinta o seu coração endurecido. Ele só se endurece para se abrir outra vez. Tudo o que você precisa fazer é permitir isso.

Deixe que a dor venha e vá embora. Deixe que tudo passe por você e vá embora. Respire fundo. Deixe o ar entrar e sair. Seja um canal para a vida. Não resista ao ar que entra nem segure o ar que sai. Deixe simplesmente que o ar venha e se vá.

Do mesmo modo, deixe que a vida venha e se vá, com os seus altos e baixos. Não se apegue a nenhum dos dois. Não tenha medo de nenhum dos dois.

Não importa o quanto tente, você não vai conseguir mudar os fluxos e refluxos da vida. Ela continuará queira você segurar ou soltar.

Quando você segura, os seus músculos se tensionam. Quando solta, eles relaxam. Você está tenso agora? Tudo bem. Só tome consciência disso. Só o fato de tomar consciência já faz você soltar.

Para abrir o coração, você precisa estar disposto a seguir os fluxos e refluxos, o contrair e o soltar. Não espere chegar aos cumes sem descer aos vales.

Para abrir o coração, você tem de estar disposto a ficar presente, seja o que for que esteja acontecendo aqui e agora. Você não tem de "fazer" nada. Só tem de "ser". Isso basta.

Fique consigo mesmo. Fique com os outros. Fique com Deus. Isso basta.

Acrobacias são divertidas, mas não são necessárias. Você não tem de saltar através de arcos para ter amor.

Só precisa estar presente para receber. Só precisa estar presente para dar.

Você não decide de onde o amor vem e para onde ele vai. Ele simplesmente vem e você o deixa entrar. Ele entra e você o deixa ir. A consciência é um canal para o amor, não a sua origem.

Quanto mais você for um conduto para o amor, mais você perceberá isso. O amor é o único poder que existe. Tudo o que não for amor não passa de um receptáculo para ele.

O amor é real. O corpo-mente é só um conduto. A sua realidade é descoberta na realização do seu propósito.

O corpo-mente, por si só, é só um amontoado de preocupações e medos, expectativas e julgamentos. É um fenômeno temporário autodestrutivo. Ele nasce. Ele morre. Ele não tem um propósito por si só.

O seu único propósito é ser um receptáculo para o amor. Ele é o corpo do amor, a mente do amor, a palavra do amor, a ação do amor. Ele é o amor meditando em silêncio e o amor dançando.

Quando nos abrimos por meio da auto-aceitação e da aceitação dos outros, começamos a ver isso. Quando pedimos ajuda e a oferecemos, começamos a entender que o nosso corpo e a nossa mente são receptáculos para uma energia incrivelmente poderosa. Essa energia não pode ser manipulada ou controlada. Mas pode ser conhecida por meio da experiência.

Chega um tempo, no nosso desenvolvimento espiritual, em que entendemos os conceitos muito bem. Não precisamos mais ler nenhum livro nem freqüentar nenhum curso. Só precisamos aplicar na vida diária o que já sabemos.

Num sentido muito profundo, esse é o momento em que assumimos um compromisso com o nosso caminho espiritual. Tudo o que aconteceu até esse ponto foi só uma preparação para esse momento de entrega. Esse é o batismo do fogo, do qual Jesus falou. Esse é o momento em que nascemos outra vez em espírito.

Agora cada dia se torna um ensinamento vivo para nós. Não há mais necessidade de professores especiais e livros especiais. Todo irmão ou irmã é um professor. Cada acontecimento da nossa vida é uma passagem da escritura sagrada.

Os nossos amigos nos olham atônitos quando acendemos uma fogueira e jogamos ali todos os nossos livros espiritualistas.

A casca exterior se solta. A semente interior germina. As ações falam mais alto que as palavras.

Nós todos chegamos nesse lugar em que mergulhamos no nosso coração de maneira bela e simples. E sabemos que o mais importante não é o que falamos, mas como falamos. E não importa o que fazemos, mas como fazemos. Sabemos que todas as nossas crenças não significam absolutamente nada se nós não vemos, não falamos e não agimos por meio dos nossos olhos, lábios e semblante de amor.

Esse é um lugar onde chegamos não apenas uma vez, mas várias. A princípio, nós nos sentimos pouco à vontade e corremos de volta para os nossos conceitos e objetivos seguros. Depois passamos a ficar um tempo maior ali e nos recarregamos emocionalmente. Muito em breve, passamos a ansiar por esse lugar onde podemos ficar sem ter de lutar. E, quando chegamos, não queremos ir embora.

Tudo bem. Lar não é um lugar onde ficamos o tempo todo. É um lugar de onde saímos e para onde voltamos, vezes sem conta.

Nosso lar é aqui, onde podemos ficar juntos sem constrangimento ou palavras desnecessárias. Bem-vindo, irmão. Bem-vinda, irmã. Eu os cumprimento quando vocês chegam. Eu os cumprimento quando saem.

Que vocês fiquem bem. Que a vida lhes traga muitas bênçãos.

# *Lembrar-se do amor de Deus*

# O QUARTO PILAR

## *Lembrar-se do amor de Deus*

Na vida, sempre surgem acontecimentos e circunstâncias que nos surpreendem, tiram o chão sob os nossos pés e perturbam o nosso bem-estar. Perdemos o emprego ou alguém morre ou um relacionamento acaba. E nós nos sentimos atacados, desapontados, arrasados. Achamos que falhamos.

Todo acontecimento aparentemente negativo da nossa vida primeiro desperta a nossa culpa. E antes de nos darmos conta, estamos no fundo do poço. Quando estamos assim, achamos que não somos merecedores. Deus não nos ama. As outras pessoas não ligam para nós. E a nossa vida fica vazia e sem sentido.

Quem já não esteve no fundo do poço?

Não ficamos nesse estado apenas quando as nossas expectativas não são atendidas, mas quando sentimos um pesar existencial, como se fôssemos expulsos do paraíso, e as lágrimas escorrem grossas e profundas nas sombras do que poderia ter sido. É no fundo desse poço que estão as antigas feridas coletivas.

Nós não sabemos, mas é a nossa intimidade com o divino que lamentamos. A nossa ligação com o nosso Pai/Mãe foi abalada. O nosso sentimento de separação ficou ainda mais forte e tentamos fugir da nossa vida. Essa fragmentação fica ainda pior quando focamos a parte da nossa vida que parece vazia.

Na nossa solidão, choramos, sem a esperança de que alguém nos ouça. No entanto, é precisamente nesse momento de dor e constrangido silêncio que a nossa Mãe/Pai se dirige a nós. Nesse momento estamos vazios, prontos para ouvir. Ficamos humildes e receptivos. Negamo-nos a perder as esperanças. Descobrimos que deve haver algo mais, embora não saibamos o quê.

Se você já não passou por essa experiência, é inútil descrevê-la. Se já passou, mas não sentiu algo se agitando dentro de você, não sentiu um farfalhar de asas cálidas em meio à dor, eu não posso ajudar você.

Essa é uma experiência que todos nós temos de descobrir sozinhos. É um estado do qual ninguém sai sem ser transformado.

Nesse estado de prostração, as asas se recompõem. Antigas dores são purgadas. A taça transbordante da culpa se esvazia. A escuridão é varrida pela luz da aurora. A mancha de sangue da ferida selada no coração pode ser vista sobre a pele. Um corpo aparece na cruz vazia.

O ser humano não vem para a Terra para sofrer, mas para soltar as amarras do sofrimento. Alguns acham que isso pode ser feito por meio da negação. Eles precisam descobrir que isso não é possível.

O caminho para a alegria passa pelo sofrimento. Nesse caminho, a pessoa se depara com o único instrumento que a jornada oferece. A princípio, ela nem compreende que se trata de um instrumento.

Na minha dor, eu descubro o perdão. Na minha dor, eu descubro o amor de Deus. Esse amor não surge enquanto eu não permito. Pode demorar muito tempo. Mas, quando eu permito, descubro que a entrega é possível. Quando abro o coração para a presença invisível, eu a sinto se juntando a mim. Eu a sinto me ajudando a ficar de pé. É como se ela se erguesse e caminhasse ao meu lado, guiando a minha jornada.

Algumas pessoas nunca chegam a achar o instrumento. Elas negam aos outros o que eles precisam aprender para dar a si mesmos. E negam a si mesmas o que precisam aprender para dar aos outros. Elas se voltam para o espelho sem reconhecer a imagem refletida. Quebram o espelho e usam os cacos para cortar as amarras e se libertar.

Mas a liberdade não pode ser conquistada com garras. Toda garra tem uma asa, da qual se tem uma vaga lembrança; uma asa que aguarda para ser testada na solitude do coração. Toda alma tem um encontro marcado com Deus.

Depois que esse encontro acontece, sabemos pelo menos que não estamos sozinhos. Sabemos que toda a dor, toda a separação, toda a culpa e toda vergonha são uma ilusão. Sabemos que somos amados e que nunca deixamos de ser.

Depois de um tempo nós nos afastamos da intensidade desse momento. A nossa vida passa a ficar mais previsível outra vez. A nossa visão se estreita. O nosso alcance fica menor. A nossa atenção se dispersa. Ficamos inquietos. Entediados. Precisamos arranjar outra crise. Precisamos subir ao limbo para nos espatifarmos no chão outra vez.

Não precisamos representar esse teatro. Mas representamos. A nossa "leve disposição" está apegada à nossa dor. Sem ela, não conseguimos nos entregar. Sem ela, não conseguimos nos lembrar de que não podemos controlar nada na vida. Sem que sejamos tocados no fundo do nosso coração, ainda acreditamos que estamos no comando e que sabemos o que estamos fazendo.

Nada, evidentemente, poderia estar mais longe da verdade. Essa é a lição de toda a nossa dor e sofrimento. Essa é a lição da nossa ilusão. Parece que estamos no controle, mas não estamos. Achamos que sabemos o que precisamos, mas não sabemos.

Todas as coisas pelas quais lutamos, todas as coisas que percebemos estão repletas do vazio com que as impregnamos. Buscamos satisfação, mas nunca a encontraremos, porque ela não existe separada de nós mesmos. E ela não faz parte da mentalidade egóica.

Não faz parte da busca e das leis da busca. Não obedece às leis do vazio.

Será que você começou a entender? Toda perda, toda dor nos leva ao vazio onde Deus habita e espera por nós. Se ocuparmos esse vazio com outra coisa, Deus acatará a nossa vontade. Todo e qualquer tipo de vício, expectativa ou sistema de crença se interpõe entre Deus e nós e reivindica para si o lugar de silêncio. Se quisermos estar com Deus, teremos de ir de mãos vazias, sem pensamentos, ao lugar onde ele pode nos ouvir e habitar. Com o tempo acabamos chegando a essa compreensão. Esse lugar, como percebemos, não fica lá fora, mas dentro de nós.

Não se trata de uma sala de meditação nem de uma igreja, mas de um instante no tempo, abençoado pela nossa intenção. Ele se abre quando permitimos, quando estamos infelizes e pedimos ajuda. Quando somos arrancados da nossa rotina, escorraçados, massacrados e preparados para aceitar ajuda, o templo está pronto.

No momento da nossa crise emocional, quando perdemos a paz por qualquer razão que seja, precisamos deixar tudo para trás e entrar. Não temos alternativa senão deixar para trás pensamentos condenatórios, a tentação de avaliar o que vemos ou lhe dar um significado. Precisamos deixar para trás o que percebemos e entrar.

Pois "nada do que vemos significa alguma coisa. Nós atribuímos a tudo o significado que aquilo tem para nós". Achamos que sabemos que significado é esse, mas não sabemos. Achamos que sabemos quem somos, mas não sabemos. Não sabemos nada. Não sabemos. Nus, nós penetramos o coração. De mãos vazias e sem pensamentos, entramos na morada dos silêncios.

Viver na consciência do amor de Deus significa reconhecer a nossa impotência para entender qualquer coisa sozinhos. Significa abrir mão da nossa necessidade de saber ou controlar. Significa aprender a ter fé de que tudo que acontece tem uma razão, embora não possamos vê-la. Tudo o que acontece na minha vida traz uma bênção silenciosa, embora eu possa não ser capaz de senti-la.

Quando estiver ferido, que eu possa me lembrar do amor de Deus. Que eu não julgue nem avalie nem pense que sei a razão dessa ferida. Que eu não ataque nem me defenda, não negue nem justifique. Que eu apenas me lembre do amor de Deus.

Isso é tudo de que eu preciso. Isso é tudo que existe.

Em vez da ilusão, que eu encontre essa simples verdade. Diante do poder do amor de Deus em mim, tudo o mais se empalidece. Tudo pelo qual eu espero fica insignificante em face desse amor todo-abrangente que passa por mim e por você e por todo mundo que se abre para ele.

Em vez dos jogos de poder, que eu me renda a essa simples verdade. Deus ama a mim e a você igualmente. Como pode, então, haver perdas e vitórias só para um de nós?

Em vez dos jogos de culpa, que eu me lembre que sou inocente e que você também é. Qualquer coisa que eu tenha feito a você, qualquer coisa que você tenha feito a mim, está perdoada. Na verdade, aos olhos de Deus, nunca existiu. É só uma ilusão do nosso jogo.

Ataques, assassinatos, estupros, abusos de todo tipo — você acha que Deus entende essas coisas? Você acha que esses atos de desespero são reais para o Rei do Amor?

Se fossem, Ele reagiria se vingando, mandando uma chuva de fogo, rasgando a carne, castigando-nos pelos nossos pecados. Mas, se fizesse isso, deixaria de ser um Deus de amor. A verdade se tornaria relativa. A violência pertenceria a Deus e, portanto, se tornaria a nossa herança.

Nós somos filhos do Deus da ira? Se formos, não devemos ser salvos desse vale de lágrimas. Se formos, a ilusão é tudo o que existe.

O que você acredita sobre Deus, acredita sobre si mesmo e acredita sobre o seu irmão e a sua irmã. Isso tem de ficar bem claro.

Se vê o mal acima de você na forma de Deus, você também o vê abaixo, na forma de pecado, culpa e vergonha, e o encontra em todos os rostos que encontra ao longo da vida.

Você prefere viver com o mal ou com o bem? Essa escolha é você quem faz. Uma escolha confirma a ilusão. A outra rasga o véu e revela a verdade.

Viver na consciência do amor de Deus é entender que nada de ruim jamais vai acontecer a você, pois como algo ruim pode acontecer a uma filha ou filho de Deus? Na verdade, isso não é possível.

Coisas que parecem ruins acontecem, mas eu não sei o que elas significam. Eu não sou capaz de julgá-las. Eu sou inocente e livre. Pois aquele que sabe me guia ao longo deste dia, desta hora, deste momento de lágrimas ou silencioso pesar.

Algo aparentemente ruim pode acontecer e eu posso querer assumir a culpa ou jogá-la nos ombros de alguém, mas eu sei que é só a minha mente no piloto automático, tentando avaliar algo que não é nem bom nem ruim. Portanto, eu simplesmente entrego. Não nego. Não justifico. Simplesmente deixo que tudo seja como é. E digo, "Mostre-me o caminho de volta para casa. Eu perdi a minha paz".

A minha vida é uma prece pela paz. A minha vida é uma prece pela verdade. Na aparente falta de amor, eu clamo por amor sem nenhuma vergonha. Pois amor é o que eu quero e amor é o que eu preciso.

Que sejamos todos nós abençoados, pois caminhamos vagarosos em direção à luz. Por entre vales escuros, avançamos. Em meio à dor, seguimos em frente. Em meio ao pesar e à vergonha e ao sofrimento, progredimos.

Essa é a nossa jornada pela escuridão. Nós nos aproximamos do momento da primeira luz com a confiança com que a invocamos. O Amante clama pelo Bem-amado e o Bem-amado aparece. O Bem-amado aparece, carrega-nos em suas costas e para perto do nosso Pai, o próprio guardião da luz, que mostra o caminho para longe da escuridão.

Os erros se sucedem, mas acabam sendo perdoados. As nódoas são apagadas pela maré da aceitação e do amor. Essa é a "jornada sem distância", a jornada sem começo nem fim. Pois "o amor não condena", mas nos lembra de que sempre estivemos livres. Livres para aprender e livres para perdoar.

Não é a concha exterior que importa, mas o que existe dentro dela. E dentro da forma existe uma suave presença que diz: "Este é o meu filho ou a minha filha amada em quem me comprazo". Dentro da forma está o amor incondicional que mantém a ordem do universo, o amor que faz as flores desabrocharem no ar da primavera e as ondas quebrarem incessantemente na praia. Dentro da forma está o que se estende através dela, como uma respiração, nos respirando, amando-nos, rendendo-nos a ela.

Não existe mais nada a não ser uma flor, um oceano, um pensamento. E todos nós pertencemos a ele, agora e sempre. Lembremo-nos disso.

Lembremo-nos.

*Namaste.*